「仕事と受験サポート」両立メソッド100

働くママの成功する中学受験

人材育成
コンサルタント
清水久三子

世界文化社

はじめに

本書を手に取っていただき、ありがとうございます。私はコンサルタントとしてキャリアを積んだ後に独立し、現在はビジネス書の執筆や講演・企業研修講師などの仕事をしています。家族は夫と中学1年生の娘が1人。娘は最難関校・難関校と呼ばれる学校を受験し、現在とても満足のいく学校生活を送っています。娘の合格自体はもちろんうれしいことでしたが、何よりもうれしかったのは受験が終わった日の「ママ、一緒に頑張ってくれてありがとう。楽しかったよ」という娘の一言です。この言葉は合格にも勝る宝物です。

本書は、わが家の体験と私の仕事から得た知見をもとに、仕事をしながら子どもの中学受験をサポートする100の秘訣をまとめたものですが、お読みになる前に中学受験を考えるにあたってお伝えしたいことが2つあります。1つ目は中学受験で目指す勉強のレベルについて、2つ目はそのシステムについてです。

まず1つ目ですが、いまの中学受験で求められるレベルは、私たち親世代のころとくらべて格段にレベルが上がっています。私は大学生時代に大手塾での講師経験がありますが、当時の最難関校で出されていた超難問はいまや標準レベル。大学生や大人でも手を焼く問題です。最難関校出身の父親が教えようとしたら歯が立たなかったという話はよく聞かれます。スポーツでいえば、30年前は市・県大会出場くらいのレベルで合格できたのが、いまや国体、学校によってはオリンピック出場レベルが求められるといえます。2つ目は、中学受験をするには塾業界のシステムに乗らざるを得ないということです。

偏差値はもちろん、子どもの学習が徹底的に数値化された受験塾の世界は受験産業ともいえる発展ぶりです。このシステムは小学4年生からの3年間でトップアスリートを養成するがごとくであり、受験生の数自体もふえてきたことから最難関校・難関校は過当競争ともいえる域です。遅れず食らいついていくためには、親のサポート力と子どもが自律的に取り組む力の両輪が必要です。

こんなふうにいうと、「仕事をしていると、中学受験は無理?」と不安になるかもしれないですね。しかし、ご安心ください。私は講師の仕事柄出張が多く、つきっきりで勉強をみることはできませんでしたし、緻密な計画と進捗管理などのスパルタ教育をしていたわけでもありません。ではどうしていたかというと、仕事の専門である人材育成のノウハウを活用して、子どもが自律的に勉強できるようになるためのサポートをしていたのです。

本書は数ある体験記の一つではありますが、３つの特徴と得られる効果を紹介します。

特徴①：ＰＤＣＡを勉強に活用する→子どもが自律的に楽しく勉強できるようになる

仕事でよく耳にするＰＤＣＡですが、「上司が立てた計画に基づき厳しく管理される」という間違った使い方をされていることが多いようです。本来ＰＤＣＡは実行する本人が「どうすればうまくいくかな？」と仮説を立てて実行し、振り返って得られたことを次に活かすサイクルです。それを回す原動力は楽しさであり、強制されるものではありません。子どもが自ら楽しんで学ぶために、親がどうサポートするのかを紹介します。

特徴②：学びのメカニズムを知る→イライラがへり親子関係がよくなる

「なんでこんなこともわからないの？」「どうしてすぐ忘れるの？」「その反抗的な態度は何!?」……。親子バトルの連続といわれる受験期間ですが、カッとなった結果、親子関係が悪くなってしまっては、子どものためにとはじめた受験の意味がありません。学びのメカニズムと親自身のメンタルコントロールを知ることで余裕を持って子どもに接することができます。

特徴③：多様な情報・データを提供する→俯瞰的視点を持ち、袋小路に入り込むのを防ぐ

大手塾からはさまざまな情報やデータが提供されますが、それだけに頼るのは危険です。

近年「教育虐待」とよばれる不幸な事象を少なからず耳にします。受験周辺の情報を俯瞰的に知ることで、親として冷静な見方ができるようになります。

また、100の秘訣には「やってみよう！」というアクションをつけていますので、「これは！」と思うものをぜひやってみてください。

娘の塾の面談で「この受験をどんな受験にしたいですか？」という質問があり、私は迷わず「家族全員がやってよかったと思える受験にしたいです」と答えました。合格したとしても、家族関係がギクシャクしたり、娘が勉強嫌いになったりしては、それこそ本末転倒です。家族全員が「受験してよかったね」という気持ちになることは、ゴールとして合格以上に大切です。「みんなとくらべてうちは平和だったみたいだね」と受験後に娘にいわれましたが、それは私が菩薩のようなおだやかな心の持ち主だからではなく（そうありたいですが……）、学びのメカニズムや俯瞰的な情報を持っていたことが大きいといえます。本書が少しでも中学受験に挑むご家族の笑顔のお役に立てればと願っています。

清水久三子

2021年　1月吉日

第3章 さあ、はじめよう！【実践！受験のPDCA】 61

第4章 やる気を引き出し親子関係をよくする習慣 119

入試までの大まかなステップ

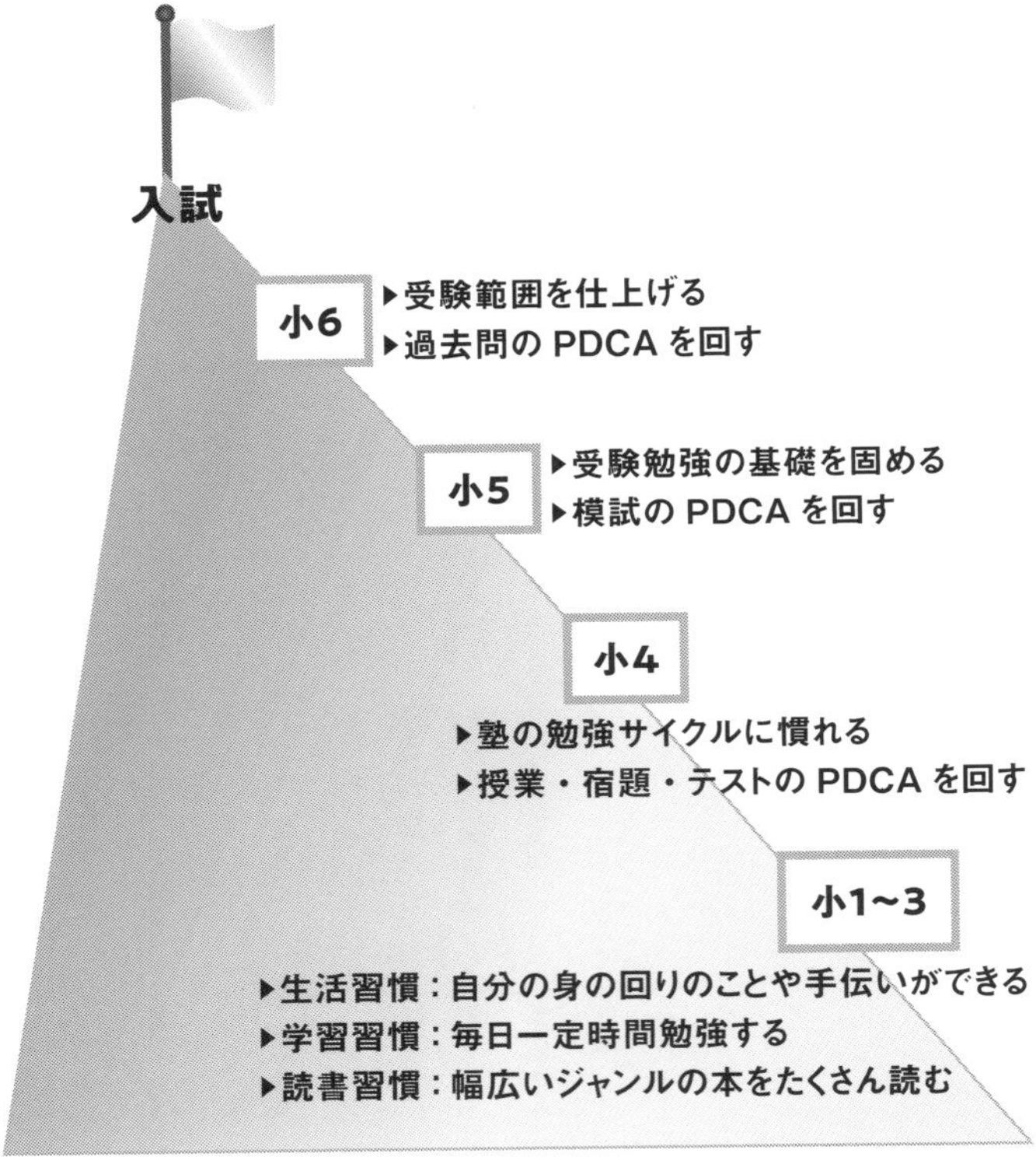
入試
小6
▶受験範囲を仕上げる
▶過去問の PDCA を回す
小5
▶受験勉強の基礎を固める
▶模試の PDCA を回す
小4
▶塾の勉強サイクルに慣れる
▶授業・宿題・テストの PDCA を回す
小1～3
▶生活習慣：自分の身の回りのことや手伝いができる
▶学習習慣：毎日一定時間勉強する
▶読書習慣：幅広いジャンルの本をたくさん読む

第1章

働くママが
中学受験を決めるまで

001

なぜ受験するのかを明確にする

中高一貫校は合理的に考え抜かれたカリキュラム

□恵まれた学びの環境を得られる二度とないチャンス

中学受験は人生に一度のチャンスといわれる一方、「しなくてもいい受験」でもあり、挑戦するかどうかは多くの方が悩みます。一方、都内ではクラスの半数以上、地域によっては9割が受験するという小学校もあり、そういった環境では自然の流れとして受験の世界に足を踏み入れることも多いでしょう。後者の場合、はじめてはみたけれど想像以上の大変さに途方に暮れ、受験をやめるという決断をする家庭も少なくありません。中学受験を考えはじめたら、なぜ受験するのかを家族でしっかりと考えておく必要があるでしょう。

わが家の場合、理由は3つありました。1つ目は、娘が将来獣医師になって動物の殺処分ゼロを目指したいという思いを持っていたことです。実は獣医学部は医学部より数が少なく、とても狭き門です。大学全入時代とはいえ難関大学や医学部などは難しいことに変わりはなく、中高一貫校出身者が多くを占め、そこを目指すならやはり優位と考えました。

2つ目の理由は、中高一貫校のカリキュラムとそこからくる余裕ある学生生活です。私は学生当時に家庭教師として、御三家校の高校1年生を教えていましたが、すでに高校3年レベルは終わっており、クラブ活動や趣味なども余裕を持って取り組んでいる姿を目の当たりにしたことは大きかったといえます。

3つ目の理由は、親の私自身が通いたいと思える学校が多かったことです。私はずっと公立だったので公立校を否定する気持ちはまったくありませんが、いろいろな学校を知るにつれ、特色のある教育理念とカリキュラム、充実した設備などは、自分が通いたい、娘にこんな環境で学んでほしいという気持ちを起こさせるものでした。

受験をする理由は出発点であり、大変なことがあったときの指針にもなります。受験する理由を家族でしっかりと考えておくことはひとつのブレない軸にもなるでしょう。

やってみよう！

わが子が中学受験をする理由を家族で考えてみましょう。

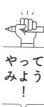

002

中学受験生はかわいそうか？

「小学生は遊ぶのが仕事」。しかし現実は……

□放課後遊べる友だちはいるのか？

中学受験を迷う理由として「二度とない子ども時代を勉強漬けにされてかわいそう」という反応があげられます。ですが、中学受験さえしなければ本当にのびのびと自由に過ごせるのでしょうか。あるデータを紹介します（※）。千葉市、宮城県気仙沼市、群馬県みなかみ町の小学生に平日の外遊び状況を調査したところ、千葉市では78％が「0日」と回答。高学年では87％。放課後に遊ぶ友だちの人数は「だれもいない」が14％、「1～2人」が55％でした。気仙沼市でも、平日の外遊びが「0日」の子は76％。遊ぶ友だちは「だれもいない」が18％、「1～2人」が29％です。さらに群馬県みなかみ町では、放課後の外遊びが「0日」の子は都市部よりは少ないものの60％。遊ぶ友だちが「だれもいない」は

※出典：千葉大学 木下勇研究室調査
https://mainichi.jp/articles/20190530/dde/041/040/017000c

20%、「1〜2人」が42%で、都市部以上に遊べる友だちが少ない状況です。

その理由は、少子化で子どもが少ないことと習い事・塾などで忙しいためです。遊ぶ場合でも親同士が約束し合って送り迎えをしたり、遊びもゲーム中心になったりするなど、「のびのび遊ぶ」というイメージとはかけ離れています。

□塾＝同志が集まるコミュニティ

受験のため塾で遅くまで勉強することが、必ず子どもにとって負担になるとは限らないかもしれません。娘の場合、塾から帰宅するやその日の授業の内容や先生の話、友だちとのやりとりなどを実に楽しそうに話し続けていました。受験が終わった後も「もう塾に行けなくて寂しい」というお子さんはたくさんいます。必ずしも「勉強＝つまらない、遊び＝楽しい」ではなく、知的好奇心を刺激され、同志がいる環境は子どもにとって思いのほかワクワクする場所になり得るかもしれません。

やってみよう！

中学受験を選択しないとしたとき、どのように放課後を過ごすかも考えてみましょう。

003

達成経験から得られる「自己効力感」

受験勉強を通して得られるかけがえのないもの

□できると信じて行動する力

娘が受験を通じて得られたことをあげてみると、計画性、自律性、学力などいろいろありますが、最大の収穫は、自己効力感です。自己効力感とは、「自分はできると信じ、行動に移せる力」です。自己効力感は達成経験から得られるのですが、達成経験を得るうえで大切なのが適切な目標を立てることです。目標が簡単すぎると、たとえできても達成感を得られず、難しすぎると挫折感につながります。中学受験は合格という大きな目標に向かい、日々の目標達成を積み重ねていきます。娘は6年生の夏、苦手な算数の問題を500問解くという目標を設定し、やり遂げたのですが、夏休みの終わりには先生たちから「見違えるように変わったね」と口々にいわれました。「やった！　わかった！　でき

る！」。この積み重ねで鋼のような強い自己効力感を生み出します。

□盤石な自己肯定感が大前提

自己効力感とセットで語られるものに自己肯定感があります。自己肯定感とは「できても、できなくても自分には価値がある」とありのままの自分を受け入れられることです。これは受験を通じて得られるというよりも、むしろ受験を成功させるために不可欠な力です。**自分自身を大切に思い、周囲からも大切にされていると感じているため、チャレンジしたり、壁にぶつかっても立ち向かったりすることができる**のです。自己肯定感が低いと受験勉強の過程で挫折しがちです。自己肯定感を高めるためには、親がしっかりと子どもをほめる必要があります。ほめるといってもテストの成績がいいからほめるといった条件付きの声がけではなく、「あなたが大好き」「生まれてきてくれて嬉しい」「一緒にいると元気になる」など無条件に存在を認めるほめ方によって自己肯定感は高まります。

やってみよう！

子どもの自己肯定感を高めるために無条件のほめ言葉を10個以上リストアップしてみましょう。

004

中学受験は親子の総力戦

家族の結束力が試される最初の貴重な経験

□中学受験はチーム戦

受験というと、本人がたった一人で立ち向かうイメージが強いかもしれませんが、中学受験はそんなことで太刀打ちできるものではありません。**親や塾の先生も含めて、子どもを中心としたワンチームになれるかどうかが、結果を左右するだけでなく納得感のある終わり方ができるかどうかにまで影響する**といえます。

とはいうわが家も、はじめからワンチームになれていたわけではありませんでした。幸いにして親子バトルはほとんどありませんでしたが、夫婦で受験の関わり方に温度差があったのです。夫は受験に反対こそしないものの、受験の天王山といわれる6年生の8月に我関せずといった態度をとったことに対し、私がキレてしまったのです。何ともお恥ずかしい話ですが、ことの深刻さが伝わったのか、それ以降は協力的になり、学校説明会に参加したり、娘に勉強を教えたり、徐々に関わりをふやすようになり、最終的に「受験して本当によかった！　家族の絆が深まったね」といってくれました。

□ワンチームは一日にしてならず

実は、チームは集まったからといってすぐによい動きができるわけではありません。チーム力学の研究結果であるタックマンモデルによると、**チームは形成期→混乱期→統一期→機能期という4段階を踏んで成長**していきます。

どんなチームでも混乱期は必ずあるといわれ、混乱期を建設的に乗り越えられれば結束の強いチームになり、そうでないとチームは空中分解してしまいます。混乱期はあって当たり前と考え、共通の目標に向かって親子でチャレンジし続けることが、家族を強いワンチームにすることにつながります。

やってみよう！

家族としてどんなワンチームになりたいのか考えてみましょう。

005

共働きだからこそ、中学受験

働く親の背中を見て主体性が身につく

□共働きの受験は不利？

塾の保護者会で先生が「専業主婦のお母さんは努めて受験以外のことを考える時間を作り出してください。受験で頭が一杯だと親子ともにどんどん追い込まれていきます。また、お仕事をお持ちのお母さんは決してご自分を責めないでください。**お母さんが仕事を持っているほうが子どもが主体的に勉強するようになりますから**」とおっしゃいました。

専業主婦でも働いている親であっても、それぞれ陥りやすいことがあるわけですから、働いているから受験は無理、とは一概にはいえません。私の周囲には多忙な父親のほうが積極的に受験に関与しているケースも多く、本当にたくさんの受験体験談やアドバイスをいただきました。中には激務のコンサルタントや経営者の方もいらっしゃいましたが、スケジュールを調整してサポートしていました。**最前線でビジネスをしているからこそわが子が学ぶ環境にも強い思い入れがある**のでしょう。

私は企業研修講師として社会人向けに論理的思考や文章術などを教えています。多くの方が苦手とする大人でも難しいこうしたスキルは、実は子どもでも身につけられるスキルで、実際に中学受験の国語で出題されています。講師仲間との共通見解なのですが、社会人の人材育成をずっとやっていくと最後は子どもの教育に行き着きます。

なぜなら、社会人歴が長いと物事の見方や考え方を変えることは容易ではなく、むしろ子どものほうがすばやく身につけられ、その後も活用できるからです。

私が管理職向けの研修で扱った演習問題が、ある中学の入試問題に出題されたときにはとても驚きましたが、娘はそれを自分で考えて解答していました。12歳の知性は侮れません。**将来、社会人となったときの基礎となる力を養えるのも中学受験のメリット**なのではないでしょうか。

やってみよう！

わが子が社会人になったとき、どんなスキルが必要かをイメージしてみましょう。

006

ワーママ流・セルフコントロール術

平日半休でメリハリとバランスを手に入れる

□母親が上機嫌でいることが最良の戦略

働く母親が親子で中学受験に取り組む際に大切なのは、仕事・家事・自分自身の3つの領域でコントロールができるようにしておくことです。仕事と家事で手いっぱいの状態からまずは抜け出しましょう。何よりも自分自身のメンテナンスを忘れないことが重要です。

母親が不機嫌だと家庭が暗くなりますから、中学受験を決めるにあたり、働くお母さんはぜひとも「自分の機嫌を上手にとること」を心がけてください。

私自身、出産後、仕事をしながらカメラや料理、ボイストレーニングなどの習い事をはじめ、いまでも続けています。あえて好きなことをやる時間を作り、趣味に没頭したり、体を休めたりする時間を持つことで、自分が満たされ、仕事の生産性も上がります。もし自分を犠牲にして家族のために尽くすだけの生活を送っていたら、次第に不機嫌になり、わが家は暗い家庭になっていたかもしれません。おすすめは、月1回、半休をとることです。計画的な半休なら仕事への影響も少なく、平日昼間は休日よりも時間が有効に使えます。

『ピック・スリー』（ランディ・ザッカーバーグ著）は、仕事・睡眠・家族・運動・友人の5つのカテゴリーから毎日3つを主体的に選ぶことで、主体的な人生を歩むという主旨の本です。そして、前提としてどれを選んでも私はいつでも「私」を選ぶと著者は述べています。私は仕事・家庭・自分・交流の4つのバランスを意識していますが、共通するのはどちらにも「自分」が入っていること。ワーママは、意識しないとどうしても自分が後回しになってしまいます。堂々と自分の時間を持ち、上機嫌でいたほうが、トータルで見ればうまくいきます。中学受験プロジェクトをスムーズに進めるため、自分のメンテナンスをする大切さを忘れないでください。

やってみよう！

半休をとって自分の時間を満喫しましょう。

007

中学受験のＰＤＣＡ

使いこなせれば多忙な働くママも無理なくサポートできる

□ビジネス感覚は持ち込まないのがルール

ＰＤＣＡとはＰｌａｎ（計画）－Ｄｏ（実行）－Ｃｈｅｃｋ（振り返り）－Ａｃｔ（改善）の略で、もともとは業務の継続的な改善を目的とした仮説検証サイクルです。継続的な改善ですから学習や習い事などにも活用できます。ＰＤＣＡというと、上司から業務の進捗状況を責め立てられる管理手法や、計画を細かくマネジメントするイメージがあるかもしれませんが、それは間違って使われている〝ＰＤＣＡもどき〟です。

本来のＰＤＣＡは、実行する人自らが「こうしたらよいのでは？」という仮説を立て（Ｐｌａｎ）、強制されることなく実行し（Ｄｏ）、行動のよい点と悪い点を振り返り（Ｃｈｅｃｋ）、では次はこうしようと改善案を考えるもの（Ａｃｔ）です。だれかが立てた計画

を無理やり実行させられるのはＰＤＣＡではありません。会社で間違ったＰＤＣＡもどきをしていて成果が出た親が、「自分はこれで成功した」という思いから子どもに対してもつらいＰＤＣＡもどきを強制してしまうことも考えられます。大人と子どもは違います。くれぐれも子どもを思い通りに動かすためのものではないということをご理解いただいたうえで、参考にしていただければと思います。

　中学受験は子どもがまだ小学生であることと、カリキュラムが膨大で進度も速いことから、こなすことで手一杯になりがちです。しかし、**ＰＤＣＡを実践して子ども自身が自分から勉強を進められるようになれば、忙しい働く親でもサポートできます**し、何より子どもも今後に役に立つノウハウを身につけることができると思います。人生は〝はじめて〟のオンパレード。これからたくさんの〝はじめて〟に取り組む子どもにとって「こうかな？」と仮説を立てながら自ら実行し、さらによいやり方を見つけていけるようになることは、将来の取り組み姿勢を学ぶことにもつながります。

やってみよう！

子どもが自らＰＤＣＡを回しているところをイメージしてみましょう。

008

「なぜ？」がすべての出発点

“やらされ勉強”では達成できない

□3年の長期戦の原動力は「なぜやるか」

前項でＰＤＣＡがなぜ中学受験に効果的なのかをお話ししましたが、ＰＤＣＡを回すうえで「Ｗｈｙ＝なぜ？」からはじめることはとても大切です。そこで、「3人のレンガ職人の話」という話を紹介します。

ある旅人が町を歩いていると、数人の男がレンガを積んでいたので、旅人はそれぞれに「何をしているのですか？」と尋ねました。１人目の男は「毎日毎日レンガ積みだ。ついてないよ」とつらそうに答えました。２人目の男は「壁を作る仕事をしています。家族を養うために頑張るしかないのです」と割り切った様子で答えました。３人目の男は「歴史に残る大聖堂を造っています。多くの人に幸せを与える場所を造れることは本当にすばらしいことです」と目を輝かせて答え、レンガの積み方に創意工夫を凝らしていました。同じ仕事をしてはいても、なぜやるのか（Ｗｈｙ）が異なるため、やりがいやつらさが異なることがおわかりいただけるでしょう。

１人目はＷｈｙという発想がなく「やらされている」状態です。２人目のＷｈｙは「〇〇のために」というニンジンをぶら下げられている状態です。３人目のＷｈｙは「世の中に貢献したい」という将来につながるものです。勉強に当てはめると、１人目のように〝やらされ勉強〟ではそもそもＰＤＣＡを回そうという気持ちが湧いてきません。２人目のように「〇〇中学に受かるため」という理由だけだとそれが終わったら勉強がイヤになるかもしれません。**３人目のようなＷｈｙがあれば、勉強自体の意味も変わり、工夫してみようという気持ちが湧いてきます。**中学受験で問われるのはそういった広い視野でもあります。子どもと親がＰＤＣＡを回したいと思える原動力＝エンジンは、３年間という長い受験期間において絶対に必要なものなのです。

やってみよう！

中学受験をする理由を親子で将来から逆算して考えてみましょう。

009

ゴールまで気持ちを切らさないコツ

受験は3年プロジェクト。ゴールまでの道筋を描く

□低学年から静かにレースははじまっている

ＰＤＣＡでは、目指すゴールから逆算していまやることを計画し改善していきます。具体的な志望校をどこにするかは6年生になって変わることもありますが、**大体どのレベルの学校を目指すのかを決めておくと、いまやるべきことが見えてきます。**

近年の中学受験塾のカリキュラムは3年生の2月、つまり4年生になる直前からの3年間が一般的ですが、難関校を目指す場合には、その前の時期も重要です。というのも、塾の授業は学校の授業で習っていない範囲をかなりの進度で進むため、塾に通いはじめる段階で、学習習慣・生活習慣がある程度整っていないとサポートの負担がふえるからです。

また、国語などは幼少期からの読書習慣がものをいうところが大きく、受験期間中に読解

力をつけるため読書をしようとしても、時間的になかなか難しいでしょう。大きな道筋としては10ページの図のように捉えるといいでしょう。入塾後は塾のカリキュラムに沿うことになりますが、目安として参考にしてみてください。

□時期によってPDCAの回し方を調整する

ＰＤＣＡは時期によって何を中心として回すのかが変わってきます。つまり、**4年生であれば塾のカリキュラムに慣れることを目標にして「週テスト」を中心としたPDCAに、5年生はより本格的になる学習が身についているのかを確認するために「模試」を中心としたPDCAに、6年生後半は志望校に確実に届くために「過去問」を中心としたPDCA**になります。

その時々の到達目標は「○○校に合格した人は5年生時点では偏差値○○」といったデータを塾が持っているので、それを一つの目安として考えるとよいと思います。

やってみよう！

小学校6年間の中学受験プロジェクトを作ってみましょう。

010

計画なくしてゴールなし

低学年期は生活習慣と学習習慣をつける時期

□手帳をフル活用して計画性を身につける

わが家が実際にたどった道筋をお話しします。まず低学年のときに生活習慣や学習習慣をつけるうえでとても効果的だったのは、子ども用の手帳です（↓P．32）。これは、石田勝紀先生（子育てや教育のノウハウをさまざまなスタイルで発信されているカリスマ教育評論家）のメソッドですが、1週間見開きのスケジュール表にその週にやることを記入し、実行したら赤ペンで線を引いて消し、ポイントを積み上げていくというものです。これにより、娘も勉強や習い事、手伝いなど、生活習慣を自分で管理して実行できるようになったと思います。

うちの子は少し早めに慣れたほうがよいかと3年生の途中から塾に通いはじめましたが、

〃とりあえず〃行っている状態でした。４年生になって友だちがふえてからは楽しく通うにようになり、ＰＤＣＡもうまく回るようになってきましたが、５年生の夏期講習では授業時間の長さに嫌気がさし、通塾をしぶり出し成績低迷。５年生の冬に第一志望校の先輩と引き合わせて話をしてもらったところ勉強への意識ががぜん変わり、成績が上がりはじめました。

６年生になり、御三家の一つである志望校講座に入り、夏の猛勉強で苦手の算数を大きく伸ばしました。８月にはすぐに、点が取りにくいといわれていた過去問で６割以上取れて幸先のよいスタートと思いきや、秋の学校行事の多さで体力・気力が落ち、再びスランプ。少しペースを落として回復を待ち、11月のＳＡＰＩＸ《サピックス》学校別オープン模試では合格可能圏内まで上がってきました。

その後は第一志望校の過去問対策と算数の難問対策を徹底して行い、本番を迎えたというのが、ざっとですがたどった道筋です。

やってみよう！

できるだけ多くの中学受験経験者のサンプルに触れてみましょう。

計画性が身につく手帳術

〈記入例〉

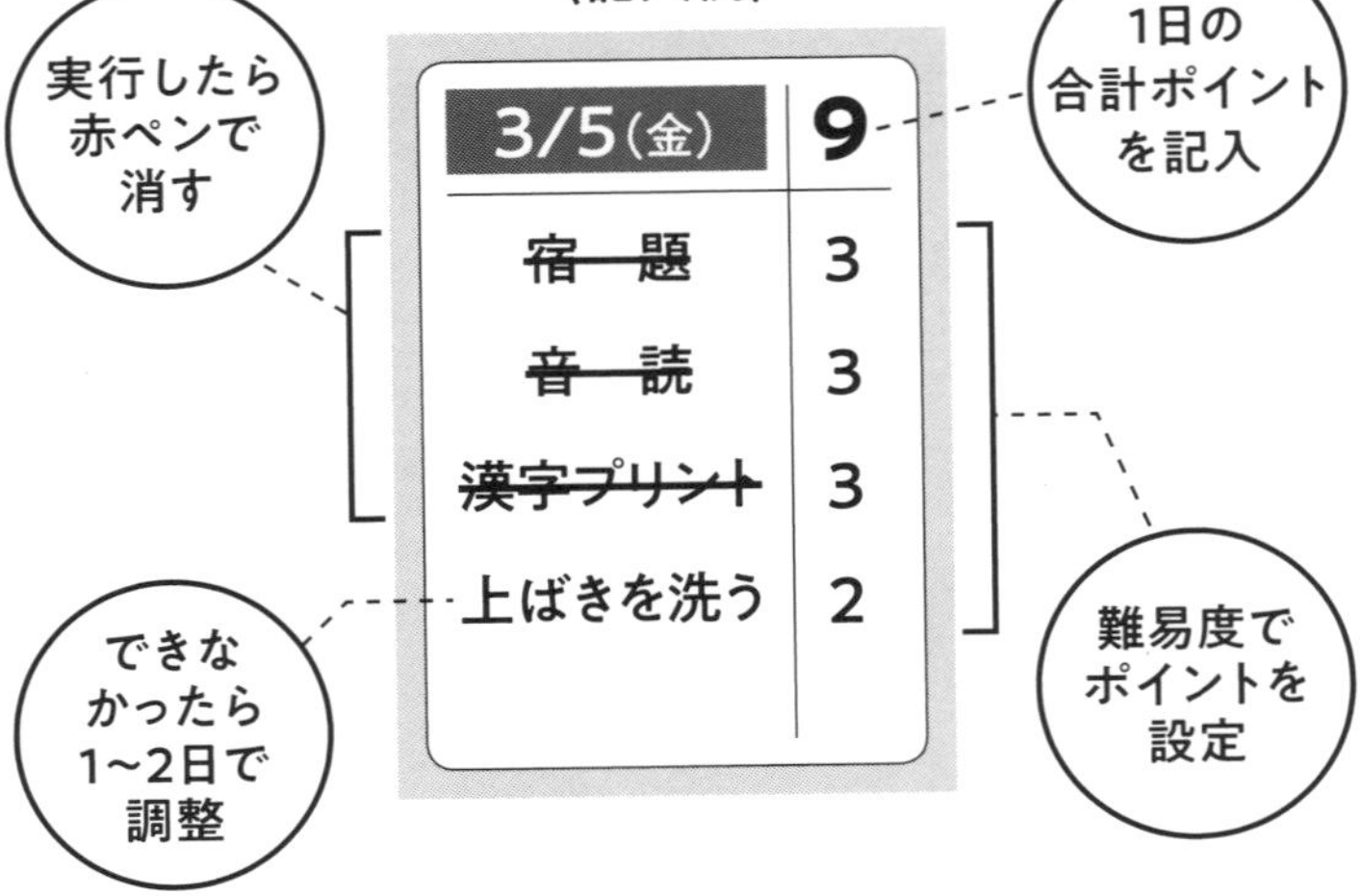

第2章

受験勉強をはじめる前に【準備編】

011

塾選びのポイント

わが子のベストな塾はこうして見つける

□失敗しない塾の選び方

さあ、いよいよ中学受験プロジェクトのキックオフです。プロジェクトはまずはチーム作りからはじまります。**チームにおける存在として大きいのはやはり塾**です。カリキュラム、定期的なテストの仕組み、学校情報などが完全にシステム化された塾なしで中学受験プロジェクトを考えるのは難しいでしょう。大手から中堅、個人塾、個別指導など形態はいろいろありますが、おすすめなのはやはりＳＡＰＩＸ、日能研、早稲田アカデミー、四谷大塚の４つの大手塾です（以下イニシャルで表記）。合格実績、通塾のしやすさ、進度、宿題の量、塾弁があるかどうかなど選定基準はいろいろあり、エリアによっても状況は異なると思いますが、自分なりに何を重視するかを決めてから選びましょう。

□子どもとの相性を見極める

私が重要視したのは、**①わが子の性格に合うかどうか、②通いやすいか、③親がサポートできるか**という点です。娘はのんびり屋でマイペースなのと、くり返し学習が多いと飽きやすいため、S塾や体育会系でくり返し学習が多いW塾は向いていないと判断しました。大量のプリント管理が難しそうというのもS塾にしなかった理由です。

最終的には、詰め込みやくり返しではなく、振り返りをしっかりと行う学習スタイルと通いやすさからN塾にしました。本格的な受験カリキュラムになる4年生で入塾した段階で相性が悪いことがわかると、塾選びが振り出しに戻ってしまうので、3年生の途中から入塾しました。3年間の塾費用は大手4塾では200万〜300万円といわれています。転塾となると経済的にも子どもにも負担になるので、判断基準を決めてからリサーチしましょう。

やってみよう！

子どもが通塾する時間帯に現地を訪れ、無理なく通えるかアクセスをCHECK！

012

受験環境はこうして整える

周りを巻き込み、ネットワークを広げる

□孤軍奮闘では失敗する

小学生の受験は多くの方の支えがなくては乗り切れません。**母親との二人三脚では共倒れになるリスクがあります。**子どもを取り巻く受験サポートのチームメンバーを決めたら、その関係性を強固なものにしていきましょう。

＊父親：当初は関与が少なかったのですが、大きな方向性を示す存在ではありました。学校説明会に行く、算数の難問を一緒に解くなど徐々に関与をふやし、巻き込んでいきました。

＊母親：統括マネージャー。勉強、スケジュール、体調、メンタルなど総合的にＰＤＣＡの仕組みを作り、見守る役割です。

＊塾の先生：プロとして指導をしてもらう存在。鬼コーチ的な先生や笑いあふれる授業を

してくれる先生など厳しくも温かく、学びを深めてくれる存在です。くわしくは後述しますが、塾の先生との関係作りはチーム力を高めるうえでとても重要です。

＊個別指導の先生：苦手を得意にしてもらう役割です。各塾の個性を把握したうえでの指導も大変役立ちました。娘にとっては信頼できるパーソナルコーチのような存在。

＊学校の先生：学力だけでなく社会生活を送るための人間形成を育む不可欠な存在です。受験が近づくとどの子も疲れやストレスがたまってきますが、厳しくも温かくご指導いただきました。受験への理解もあり親子ともに励ましていただきました。

＊学校の友だち：将来の仕事を約束して励まし合うなどよい友人に恵まれ、勉強にも意味が見出せました。受験期間中楽しく過ごせたことでストレス発散になりました。

＊塾の友だち：同志として刺激を受け、一緒に頑張る存在。

＊ママ友・パパ友：お互い同じ悩みや情報を共有し合う存在。

＊先輩ママ友・パパ友：先に受験を終えた先輩親子はアドバイザー的存在。

やってみよう！

わが子を取り巻くチームメンバーとその役割を考えてみましょう。

013

親がどこまで勉強に関わるか

「いわれたからやる」では難しいのが現実

□親は勉強を教えなくてもいい!?

前項でチームの大きな役割を決めましたが、子どもの勉強をどう見るかは中学受験において、とくに働いている親にとってはとても大きな問題です。『下剋上受験』(桜井信一著)のように、塾に通わず100%親が教えるのは到底難しいにしても、授業で理解できていないところを教えたり、宿題を見たり、テストの振り返りをしたりするなど、仕事を持っているとどこまで見てあげられるのかと不安になるところです。

イメージとしては、自転車の練習のように、はじめは補助輪付きで、徐々に一人で自律的に勉強できるように勉強への関与をへらしていくとよいと思います。4年生では宿題を一緒に見てあげてわからないところを教えながら得意不得意を把握し、5年生くらいからはわからないところは塾で質問して解決してくるようにするなど、徐々に勉強への関与はへらしていくとよいでしょう。そもそも、**「親にいわれたから勉強する」という姿勢ではやはり難関校受験は厳しい**と思われます。

□メリハリをつけて役割分担する

わが家の場合、私が社会の暗記を手伝ったり、歴史の流れを説明したり、夫が算数の立体図形の難問を教えるなど手分けをしました。5〜6年生になると私自身はPDCAを回すサポート役に徹し、塾以外での苦手科目の克服や志望校対策などは個別指導の先生にお任せしました。後述しますが、科目を決めて個別指導という選択肢を検討してみてもよいと思います。**忙しいからといって塾に丸投げ、まったく勉強を見ないというのでは、わが子がどこまで理解しているのかが把握できませんし、大変さに寄り添えなくなる**ので、PDCAで全体に目を配りつつ、関わるところと外部に任せるところを考えてみましょう。

やってみよう！

だれが勉強を見る（＝教える）のか、どの範囲を見るのか、関与する方針を決めておきましょう。

014

苦手分野の克服法

個別指導との合わせワザも有効

□親が教えるなら予習や準備は必須

私は塾講師をしていた経験があり、国語や社会は予習なく教えられますが、算数と理科はきちんと解法を予習して理解してからでないと教えるのに時間がかかる問題も意外とありました。また、「はじめに」でも述べたように、とくに算数は難易度が大きく上がっていますので、４年生の勉強は教えられても、学年が上がるにつれ時間がかかるようになってきました。

そんなときに最難関校に進学した子の先輩ママ友から「**自分で勉強を見るのは非効率。親がいってもなかなか聞かないことも個別指導の先生にいわれると素直に聞き入れる**」と聞き、わが家もお願いすることにしました。塾で理解不足のところや、難問、過去問解説など、やってもらいたいことを決めて依頼しましたが、前述の各塾の特徴も把握しているため、さまざまなアドバイスをいただけましたし、子どもも理解を深められたようです。

□個別指導の費用対効果

個別指導は2～3人の少人数制やマンツーマン、家庭教師などさまざまな形態があり、先生のレベルもまちまちです。気になるお値段ですが、週1回1コマ（90～120分）見てもらう場合で、月に1万～5万円と幅広く、一概に高い・安いとは判断しにくいと思います。塾に加えてとなると相応の負担であることは間違いありません。

コンサルタントがよくやる費用対効果の換算法ですが、自分の年収から時給を割り出し、子どもの勉強を見る時間を授業料に換算してみるとそれなりの時給になるかと思います。それを考えると、**勉強はプロにアウトソースして、自分自身の仕事や親にしかできない子どものサポートに徹する**というのも一つの考え方ではないでしょうか。

やってみよう！

自分の時給を算出し、わが子の勉強にかけられる時間と費用を見える化してみましょう。

015

親と子のメンタルマネジメント

子どもの変化を見逃さない

□受験勉強で子どもを潰さないために

不幸な中学受験のあり方として近年「教育虐待」が問題になっています。これは、子どものキャパシティを超えた勉強を強いたり、言葉で追い詰めたりして子どもの心に深い傷を負わせてしまうものです。中学受験は「親子の受験」といわれることから過度に力んで接してしまいがちであり、とくに高校・大学受験で成功体験を持つ努力家で高学歴な親に多いといわれています。熱心なのは母親に限らず、父親が仕事さながらに緻密な進捗管理をし、できないと理詰めで叱責するというケースも多く、心療内科を受診する中学受験生は年々ふえているそうです。

縁起でもない話であることは重々承知して書きますが、小・中学生の自殺の原因上位3

位は、学業不振、家族の叱責、親子関係不和で、4位の友人との不和を上回っており、さらに5位には入試の悩みと続いています。また、入試の悩みの比重は高校生や大学生よりも高いというのも注目すべき点です（※武蔵野大学舞田敏彦講師の研究より）。このデータから、**子どもにとって親はそれだけ大きな存在であり、受験もとても重たいイベントなのだと親自身がしっかりと認識するべきだ**と思います。

□子どもが壊れるサインを見逃さない

娘の小学校は受験するお子さんが多く、6年生になったときに担任の先生から「お子さんの目と表情をしっかりと見てあげてください」と忠告がありました。目に精気がなくなっていないか、表情は暗くないか、体調を崩していないか……。当然ながら、いざ受験勉強がはじまると本当にハードスケジュールで、親にも焦りが出てきます。**子どものサインを決して見逃さず、疲れや心身の不調が見えたら思い切って休ませる**ことも必要です。

やってみよう！

子どもの不調のサイン⇒「これが出たら勉強を休む」を決めておきましょう。

※出典：https://dual.nikkei.com/article/036/58/

016

本命校選びを間違えないために

直感や好き嫌いなど、あらゆるセンサーで第一志望校を選ぼう

□ざっくりと中学マップを俯瞰する

現在、首都圏には約３００校の私立中学校と12校の国立中学校、22校の公立中高一貫校があります。その中には、男子校、女子校、共学校があり、宗教系とそうでない学校があります。また、大学までエスカレーター式の付属校もあれば、大学付属校ながらも外部進学が主流という学校もあります。「面倒見のよさ」を売りにしている学校でも、勉強面での面倒見なのか、生活面での面倒見のよさなのかで大きく校風も異なります。すぐには決められなくとも、大体どういったタイプの学校のどれくらいの難易度のところを目指すのかという軸は早めに決めておいたほうがよいと思います。

□どんな山を登りたいのか方針を決める

わが家の場合、娘の獣医になりたいという将来の希望があるため、はじめから大学付属校という選択肢はなく、共学か女子校かは親としてはどちらでもよいと思っていました。

文化祭などに連れて行くと本人が共学の賑やかさにやや違和感を感じたようで、徐々に女子校に絞られ、さらに伝統校と進学校が志望校として絞られていきました。説明会などに足を運ぶうち、次第に娘自身が自分と相性のいい学校がわかってきたようでした。

「何が何でも御三家」「大学受験は不安だから大学付属校」など考え方はさまざまあると思います。中学受験業界のプロ家庭教師の安浪京子先生は、「ブランドで学校を決めたり、大学付属校を選んだりするのは親が安心したいだけ」と厳しいことをおっしゃっていましたが、まずは虚心坦懐にどんな山なのかを調べたうえで、どの学校がわが子によいのかという軸を持てると具体的な志望校が選びやすくなるでしょう。

やってみよう！

それぞれの山の特徴を知ったうえで、わが子と登りたい山を考えてみましょう。

017

イメージ先行で選ぶと失敗する

親世代とは大きく様変わりしている中学マップ

□伝統校、有名校、ブランド校、ニュータイプ……

中学受験の難関校というと、東京なら開成中学、麻布中学、武蔵中学の男子御三家、桜蔭中学、女子学院中学、雙葉中学の女子御三家がまずあがるでしょう。ではその他の難関校、さらにエリアを広げて埼玉・千葉・神奈川の学校となると具体的な学校名はなかなか出てこなくなると思います。

私は埼玉県出身ですが、埼玉県には私立が少ないため、受験を決めた当初はほとんど未知の世界でした。夫は東京出身で私よりはくわしいようでしたが、偏差値表の上位に名を連ねる難関校を見て、その変化に驚いていました。10～20年前から大きく変わっていることはもちろん、ここ数年で難関校の仲間入りを果たした学校などもありますし、以前は名門といわれていた学校が定員割れをしていたりもするので、**自分や祖父母のかつてのイメージで考えず、まずは現在の状況をフラットに見る必要があります。**

□ランキングのからくりに要注意

近年難関校入りした学校のタイプとして、女子校が共学化し、学校名を変えることで人気校に生まれ変わっているタイプと、塾や予備校のような面倒見のよさで大学進学実績を大きく伸ばしているタイプがあります。また、塾の面談で知ったのですが、「あの学校はニュータイプです。受験回数を増やし一回あたりの合格者数をへらして高偏差値の子も落とすので結果的に偏差値が上がっていくんですよ」とからくりを説明されて驚いたことがあります。意図的かどうかはさておき、ニュータイプの学校は実態以上に人気先行になりがちともいわれています。いずれにしてもその学校が過去数年でどう変化してきたのかを見極めることが必要だと思います。

やってみよう！

先入観にとらわれず、学校の過去数年（5年など）の変化をチェックしましょう。

018

志望校には何度でも通おう

あらゆる機会をフル活用して学校研究

□一度に比較検討できる合同説明会

学校を研究するには、まずは塾などが主催している複数校の合同説明会に出てみると比較がしやすいでしょう。合同説明会は一度に複数の学校を知ることができるのがメリットです。

はじめから「○○校！」と決めているとどうしても視野が狭くなってくるので、3～4年生くらいのときに参加しておくとよいと思います。校長先生や教頭先生が対談スタイルでお話しされるイベントもあり、各校の特色が理解できて参考になりました。同じように英語に力を入れているといっても、かたや「文法をしっかりやらせます」、かたや「生徒の大半に留学の機会があります」など大きく違っていて、1校だけの説明よりも重要視すべき軸がより明確になりました。「グローバル教育」「アクティブラーニング」などは大体の学校が掲げていますが、実際に何をしているのかを比較することで「それはグローバル教育?・」「アクティブラーニングといいつつ単なるグループワークでは?・」とだんだんとツッコミどころが見えてきました。

数校に絞れたら、実際に学校に足を運んでみましょう。**学校主催の学校説明会、文化祭、体育祭、校内見学会など、違う機会に何度か行ってみることをおすすめします。** 6年生になると子どもが忙しくて学校を見に行くことがあまりできなくなるので、5年生までに数回行くとよいと思います。娘も数回行くうちに、自分に合っているかどうかがわかってきたようです。**入試当日も何度か来たことがあると緊張しにくいため、ここはと思う学校は数回行ってみましょう。** また、可能であればふつうの日の学校見学に参加したり、登下校時の生徒の様子を見たりしてみると、文化祭や説明会だけでは見えない素の状態が見えてきます。

やってみよう!

塾などが主催する学校合同説明会のスケジュールを調べて積極的に参加してみましょう。

スタートアップ
準備
実践!PDCA
親子関係
情報活用術
科目別勉強法
直前期・当日の過ごし方
アフター中受

019

高偏差値＝いい学校とは限らない

その校風とブランド、本当にわが子に合っているか？

□入学してから後悔しないために

「入ってはいけない学校」というと、評判が悪い、大学進学実績がよくないなどが思い浮かぶかもしれませんが、一言でいえば「子どもに合わない学校」です。これはキレイごとをいっているのではありません。御三家をはじめとした難関校の卒業生や現役生に聞くと、少なくない割合で親や子どもが「うちの子には合っていなかった」「入ったことを後悔している」という答えが返ってくるのです。伝統校は学校も大らかで生徒の自主性を重んじる学校が多く、新興の難関校は予備校や塾いらずの管理型で勉強をしっかりさせる学校が多いのが特徴です。親が「うちの子はのんびりしているからもっとしっかりと見てほしい」と思って入れたのであれば前者は合わない学校ということになります。また、ある学校に面倒見のよさと進学実績に惹かれて入れてみたものの宿題や補講が多く、クラスは成績別、成績が悪いと文化祭にも参加させてもらえないなどで子どもが学校嫌いになってしまったという話も少なからず聞きました。**子どもの性格や親の思惑と学校が合わない場合は、どんなに偏差値が高くてもやはり行ってはいけない**学校なのだと思います。

□ブランドに惑わされないために

塾では御三家への憧れを募らせるような講座があります。娘の塾では5年生から選抜制で御三家準備講座が日曜日にあり、学校研究などをしていました。学校について深く知ることができたので否定するわけではありませんが、そもそもどんな学校があるのかを知らない子どもが、「絶対○○校！」となるのも自然な流れです。

それはそれでよいのですが、親としては一歩引いた視点で、わが子にはどんな学校が合うのかを念頭に置いておきましょう。

やってみよう！

管理型とのびのび型、どちらの校風がわが子に合うのか考えてみましょう。

020

難関校の目指し方

たとえ不合格でも失敗体験にしないために

□子どもの可能性を信じて上を目指す

「無理して上を目指す必要はない」「勉強ばかりさせるのはかわいそう」「身の丈に合った学校でいい」という理由で、そのときの子どもの成績や偏差値で志望校を決めるということもあるかと思います。それも一つの考え方だと思いますが、子どもが難関校を目指したいという場合にはぜひ応援してあげてほしいと思います。

よく、「(受験日の) 2月1日まで子どもの学力は伸び続ける」といいますが、娘も入試直前の伸びは親子ともに実感しましたし、先生からも「ラストスパートの勢いはすごかったね」といっていただきました。小学生の学力はモチベーションとの関係が顕著です。安全運転も一つの方法ですが、上を目指すからこそ見えてくる景色があります。

上位の難関校を目指すにあたって、第一志望校よりも重視すべきなのは実は併願校だと思います。第一志望校に合格できるのは3〜4人に1人、難関校はもう一度入試をやり直すと半分が入れ替わることもあり得るとさえいわれています。

それだけ力が拮抗《きっこう》している子どもたちが受けるのですから、「ここに受からなくては意味がない」という考えは受験自体を意味のないものにしてしまうリスクがあります。そのため**「どこに受かっても成功」という併願校の候補を子どもの成績や伸びから考える必要があります。**

冷静に考えてみれば、中学受験を体験できることはとても恵まれていることです。努力によって選択肢をふやすチャンスが与えられていること自体、ラッキーだと思うのです。

さらにいえば、難関校を受験できるレベルまでたどり着いたことこそが、すでに成功であると私は思います。親子ともに合否の結果が怖くなくなれば中学受験はほぼ成功といえるのではないでしょうか。

やってみよう！

「どこに受かっても幸せ」という併願校候補を見つけてみましょう。

021

自分から勉強する子になる動線作り

スムーズに教材が扱えて管理しやすい場所とは？

□勉強内容に応じて使い分ける

リビング学習という言葉を聞かれたことがあるでしょう。『ＡＥＲＡ　ｗｉｔｈ　Ｋｉｄｓ』（２０１７年春号）の調査では、リビング学習をしている家庭は、調査数全体の８割という結果が出ており、「東大生はリビング学習をしていた」という内容の本なども話題になっていました。わが家も４～５年生のうちはリビングで、６年生になってからは自分の部屋で勉強する時間がふえていきました。

また、科目によっても学習場所はいろいろで、社会の暗記などはリビングで私と話しながらやったり、毎日やる漢字や語句、計算問題などは教材をコピーして学校に持っていって休み時間などにやったりしていました。

暗記はそのときの雑談などで記憶に残りやすくなることもあったり、時事問題は親と話し合ったりするのも効果的ですのでリビングは向いていると思いますが、それ以外は子どもが集中しやすい場所にするとよいと思います。

□すぐに取り掛かれて、すぐにしまえる場所を

いろいろな場所で勉強する、いわばフリーアドレスとなると、気になるのは教材や勉強道具です。塾の教材は学年が上がるにつれどんどんとふえていきます。

私はリビングが散らかっていると落ち着かないのですが、子ども部屋に教材を置いてしまうと管理しにくいこともあり、リビングに隣接している私の書斎代わりの部屋に教材一式を置くことにしました。リビングの一角に小さい本棚などを設置してもよいと思います。食事のときもすぐにしまえます。教材のコピーをとることも多いため、プリンターの近くに教材があったほうが効率的なので、子ども部屋ではないほうがよいと思います。

やってみよう！

子どもが勉強する場所を複数考えて、環境を整えてみましょう。

022

大量のプリントの超整理術

教材は見える化して科目別にボックスにイン！

□教材管理は親の仕事

私は外資系コンサルティング会社勤務時代から、長らく完全ペーパーレスで仕事をしており、紙の管理がとても苦手なため教材管理はかなり面倒でした。中学受験はテキスト、ノート、プリントなど大量の紙をどう使いやすく管理するかが勉強の効率に関わり、家の中がスッキリと片付いていないと自分もストレスを感じます。

試行錯誤を重ねましたが、子どもが取り出しやすく、片付けやすいとなると、穴あけしてとじるなどの手がかかる収納は適しません。

最終的にはＡ４の書類を立てて収納できるスタンドファイルボックスを科目別に準備し、プリントや模試はクリアファイル、よく使う暗記のプリントはクリアポケットファイルと

いう組み合わせに落ち着きました（→P.60）。

収納グッズを買うときには100円ショップのグッズで試してみることをおすすめします。文具メーカーや収納メーカーのものだと値が張るので、使いにくかった場合、ムダになってしまうからです。

大人は中身が見えないほうが使いやすくても、子どもの立場になると中身が見えていたほうがスムーズに取り出せますから、透明なものを選んで科目別にラベルなどで色分けするとよいでしょう。

大量の教材を子どもが自分で管理できるようになるとてもラクになります。学年やシーズンが変わるなど、教材が変わるタイミングで使いやすいように変えていくとよいと思います。


やってみよう！

教材は中身を見える化し、子どもが自分で取り出しやすく、しまいやすい収納を工夫してみましょう。

023

便利な道具を使いこなす

作業効率が格段に上がる！ おすすめ便利グッズ

□コピー機があると断然便利！

ここでは私が活用してとても助かったグッズを紹介します。前項でも述べましたが、教材紙の扱いは勉強の効率にも親の時間をどれだけ取られるかにも関わってきます。

一番大きいものからあげると、**なんといってもA3サイズ対応のコピー機です。**はじめのうちはA4サイズ用で何とかなるかと思っていましたが、A4のテキストを見開きでコピーしたり、赤本から過去問をコピーしたりするようになると、片面ずつやる膨大な手間にとても無理！と思い切って購入しました。

過去問は志望校×4教科×数年分（さらにそれを何周かすることも）の問題と解答用紙をコピーするため、コンビニや出力専門店などに行くのは働く親にとっては時間が足りません。とても場所を取り値段もしますが、受験が終わったら売るつもりで買うことを検討してもいいでしょう。

2つ目はアコーディオン式の書類ケースです。複数の志望校の過去問管理に学校別年度別でインデックスを貼りました。クリアファイルがそのまま入れられて実用的でした。

3つ目はルーズリーフをとじられるバインダーノートです。模試や過去問で間違った問題を切り貼りして解き直しノートを作るときに便利でした。

勉強時間や休憩時間を計るのに便利なのが学習タイマーです。テレビや雑誌でよく紹介されているセイコーの学習タイマーをわが家も購入しましたが、アナログ時計とキッチンタイマーを合体させたもので、角度も見やすく「計算問題、5分で終わらせる」「休憩10分！」など娘が積極的に使っていました。細かいところでは、卓上クリーナーもおすすめです。電池式で消しゴムのカスを吸い取るものです。消しカスくらい手で取ってもいいのですが、あると毎日食卓や机に散らばる大量の消しカス掃除が楽しくできます。

やってみよう！

勉強やペーパー管理がラクで楽しくなるグッズを身近に置くと、モチベーションがアップ！

作業効率がアップする「おすすめグッズ」

クリアファイル

クリアポケットファイル

スタンドファイルボックス

アコーディオン式書類ケース

バインダーノート

卓上クリーナー

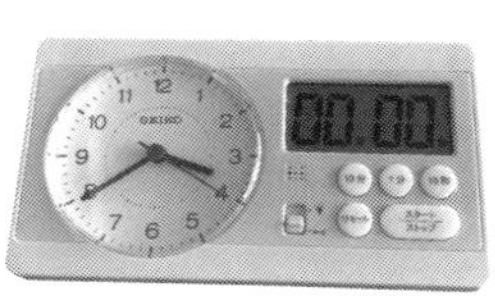

学習タイマー

第3章

さあ、はじめよう！
【実践！　受験のPDCA】

024

中学受験はＰＤＣＡでうまくいく！

親のサポート力で子どもはぐんぐん伸びる

□ＰＤＣＡは親子で回す

ＰＤＣＡは「親子で回す」と書きましたが、あくまでも子どもが自分で回せるようになることを目指して、親がサポートしていくものだと思ってください。

何度も書きますが、親が主導で無理やりに回すものではありません。**物事は、動きはじめるときに最も動力が必要です。**ＰＤＣＡも同様で、はじめにしっかりと後押しできれば回転しやすくなります。ここではＰＤＣＡの概要を、後の項でそれぞれの詳細なやり方を紹介します。

とくに、子どもは計画を立てて課題をやるところまでが勉強だと思いがちですが、実はその後の行動がとても大切なのです。

やってみよう！

子どもにPDCAとは何かを説明してみましょう。

Plan

子どもと一緒にやること・やらないことを決め、週間スケジュールを作成します。

Do

計画に対して、実際はどうだったかを記録させます。

Check

うまくいっているかどうかを先行指標（勉強の進捗）と結果指標（点数・偏差値など）で確認します。どういう行動がその結果に結び付いたのかを振り返ります。

Act

振り返りをしたうえで続けたほうがいいこと・変えたほうがいいことを決めて、具体的な改善策を立てて次の計画に反映させます。

これが中学受験のPDCA！

A

・間違えた箇所をできるようにする

・次に向けて対策をまとめる

P

・勉強の計画を立てる

・テスト対策を考える

C

・理解できていないことを確認する

・間違えた理由を分析する

D

・問題を解いて丸つけをする

・テストを受ける

⬆

子どもはココだけを勉強だと思いがち！

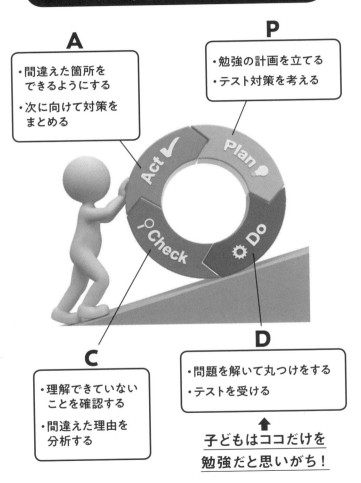

025

テストは受けっぱなしにしない

PDCAを上手に回すための3つのポイント

□課題をやりっぱなしにしない

PDCAを回すうえでとくに覚えておいていただきたい点を3つあげます。

ポイント①：PDCAは子どもが自分自身で回すもの

PDCAは厳しく管理されて他人からやらされるものではありません。仕事で考えてみてください。上司が勝手にやることを決めて（Plan）、実行状況を監視し（Do）、結果を問い詰め（Check）もっと頑張れとハッパをかけられても（Act）成果は出ないのと一緒です。親はあくまでも子どもがPDCAを回すサポート役なのです。

ポイント②：行動は必ずCheck（振り返り）をする

PDCAの中でとくに重要なのはCheckです。Checkの対象は勉強の進捗確認とテスト結果です。勉強をしなかったことを責めたり、テスト結果に一喜一憂したりするのではなく、**そうなった原因と次にどうするかを考えるのが振り返りです。**ある学びに関する調査（※）では、「丸つけをした後に解き方や考え方を確かめるか」という問いに〃よくある〃と回答した小学生は25％どまり。多くの小学生は振り返りが習慣になっていません。正しい振り返りを教えることは勉強のやり方を教えることでもあります。

ポイント③：続けて習慣化する

東大生の勉強法の本などではＰＤＣＡを取り入れた勉強の仕方がよく紹介されており、堀江貴文氏も「仕事、生活、趣味などあらゆることでＰＤＣＡを回す習慣がついている」と述べています。**ＰＤＣＡが習慣になると勉強以外もうまく回ります。**わが家では、娘には保育園のころから旅行や宿泊行事での持ち物の計画とパッキングを自分でやらせていました。もちろん最初はできませんでしたが、徐々に忘れ物もなく手早く荷造りができるようになりました。身近な機会を活用することでＰＤＣＡが無理なく習慣づけられます。

やってみよう！

ふだんの生活の中でＰＤＣＡの習慣づけが役立ちそうなことを洗い出してみましょう。

※出典：小中学生の学びに関する実態調査　報告書［2014］ベネッセ教育総合研究所
https://berd.benesse.jp/shotouchutou/research/detail1.php?id=4574

026

学習計画は週単位でチェック

サイクルは1週間ごとに。週次で回すのがコツ

□1週間単位でスケジュールを決める

塾は1週間で国算理社の4教科の授業が組まれ、土日に確認テストや模試などが設定されているため、PDCAサイクルも週単位にするとよいと思います。69ページにあるのは私がエクセルで作ったオリジナルのシートです。もともとは仕事用に作成したのですが受験でも使えると思い、カスタマイズしました。

シートを作ったら、まずは学校や塾の授業・テスト、習い事などすでに決まっている予定を入れるところまでやってみてください。意外と家庭学習の時間が少ないことに気づくと思います。「勉強できるのはいま、この時間しかない」ということを親子ともに見える化することが第一歩です。

日ごとに左の部分にＰｌａｎとして予定や学習計画などのルーティンを記入し、右の部分にＤｏとしてやったかどうかを○×で記入します。

下のＣｈｅｃｋやＡｃｔはその日の勉強の振り返りや改善点を記入します。

日付の下の部分は、小学校行事や学校説明会などのイベントの欄と親の予定の欄を入れ、出張で不在の日などがわかるようにしましたが、ご家庭に合わせてカスタマイズしてみてください。「入試（2月1日）まで何日」の欄は5年生まではまだ必要ないと思います。娘は6年生の秋から記入していました。

そのほか、大学ノートなどに線を引き、タスクを記入してもいいでしょう。娘の場合、低学年から子ども手帳（→Ｐ．30）を活用していたので、この週間スケジュールシートにもすぐ慣れて、自分で計画や達成状況を記入できるようになりました。

細かく書き込む必要はありませんが、**子どもと勉強内容や予定を共有することで計画的に進める目安となります。**

やってみよう！

決まっている予定をスケジュールシートに記入して勉強できる時間を明確にしましょう。

学習計画は1週間単位で

■今週の目標　過去問を攻略する！

毎日やることリスト①

DATA	11月18日	11月19日	11月23日	11月24日
曜日	月	火	土	日
2月1日まで何日	75	74	70	69
イベント				
パパ・ママ予定				
ルーティン	計算 語句 4科のまとめ 理科　コアプラス 社会　重大ニュース 社会まとめプリント	計算 語句 4科のまとめ 理科　コアプラス 社会　重大ニュース 社会まとめプリント	計算 語句 4科のまとめ 理科　コアプラス 社会　重大ニュース 社会まとめプリント	計算 語句 4科のまとめ 理科　コアプラス 社会　重大ニュース 社会まとめプリント

そのほかのやることリスト②

To-Do	時	11月18日 Plan	11月18日 Do	11月19日 Plan	11月19日 Do	11月23日 Plan	11月23日 Do	11月24日 Plan	11月24日 Do
〈国語〉	5								
□過去問	6								
□日特復習	7	学校		学校					
〈算数〉	8					8:30 〜15:30 入試本番 体験相談		8:30 〜12:30 合格力 育成テスト	
□過去問	9								
□日特復習	10								
〈社会〉	11								
□過去問	12					午前 試験 お弁当 午後 面接			
□日特復習	13							13:00 〜16:45 日特	
〈理科〉	14								
□過去問	15								
□日特復習	16								
	17	過去問 A校 2016年度 算数		16:50 〜20:45 日能研理社		16:50 〜20:45 日能研理社			
	18		○						
	19	算数 知識・技術	○					日特振り返り	
	20								
	21								
	22								
	23								
Check		Check							
Act		Act							

Plan：②から選んで記入

Do：やったかどうかを○×で記入

Check：やってどうだったか

Act：次にどうするか

027

ときにはだれかと一緒に勉強する

相手がいると面白いほどはかどる

□やることとやり方を極限まで具体化する

学校や塾などの予定を入れたら、1週間でやることを子どもと一緒に洗い出します。

・毎日やること：漢字・計算・暗記もの、学校の宿題
・塾の授業前後にやること：予習・宿題、苦手箇所の強化
・テストの前後にやること：1週間の復習、テストの振り返り

限られた時間の中でやるべきことは本当にたくさんあります。予定が埋まっているスケジュールシートに本当に入り切るのかと思われる量になると思います。ここを子どもと一緒に洗い出すことで、さらに「やるべきことに集中しないと終わらない」という実感が持てると思います。

□だれといつやるか？

次に、洗い出した学習課題を「だれと」「どこで」「いつ」「何分」やるのかをスケジュールに入れていきます。

全部子ども1人で勉強するのではなく、塾や個別指導の先生、親など、**だれと一緒に勉強するのかを併せて考えることで効率よく勉強することができます。**1人だと怠け心が起きたりしがちですが、娘はよく、塾の宿題を友だちと休み時間に一緒にしていました。「だれと」勉強するのかを考えることで、みんなで目標に向かって一緒に頑張っているという実感も持てると思います。

やってみよう！

だれと、どこで、いつ、何分やるかを決めましょう。

やること	だれと	どこで	いつ	時間
語句練習	—	自宅	朝	15分
計算10問	友だち	学校	休み時間	10分
復習用問題集（算）	—	自宅	水曜日塾の後	60分
復習用問題集（算） わからないところ	塾の先生	塾	金曜授業の後	30分
復習用問題集（国）	—	自宅	木曜日塾の後	30分
社会工業地帯暗記	ママ	自宅	寝る前	15分
公開模試振り返り	ママ	自宅	月曜日	30分
A校過去問算数 2018年解き直し	個別の先生	個別塾	金曜日	90分
算数強化問題	塾友	塾自習室	授業前	30分

028

できないことは思い切って捨てる

何をやるか、やらないか

□優先順位を決めて課題をへらす

私がビジネスパーソンにＰＤＣＡの回し方を指導する際、強調するのは「何をやらないかを決めてください」ということです。やるべきことを洗い出してみると、その多さに大人でも驚くでしょう。**あれもこれも全部やらせようとすると、子どもを潰してしまうことにもなりかねません。**塾は子どものキャパシティを考慮して宿題を出しているわけではないのです。子どもによっては夜中まで頑張って終わらせようとする子もいますが、それでは受験本番までもちませんし、何より健康を害してしまいます。どこまでやるべきかは、その時点での子どもの学習進度や志望校によっても違うので、塾の先生に科目別に相談し、親がへらしてあげるといいでしょう。次第に子どもが自分で聞いてくるようになります。

課題を調整しながら、模試の結果を参考にして、重点をおく科目の優先順位を決めたり、時間で区切ったりしてもよいと思います。

『二月の勝者』というリアルな中学受験を描いた漫画の中では、塾のオプション講座を「課金ゲーム」に例えています。ゲームの世界であれば課金した分キャラが強くなりますが、実際には追加したオプション講座によって時間が足りなくなって地固めができなくなることもあり得ます。勉強以外でも学校行事、習い事、身の回りのこと、手伝い、遊び、趣味など子どもの予定はギッシリですが、すべてを完璧にすることは難しいもの。わが家では習い事は5年生までにし、6年生の秋からは学校行事も目白押しで体力的にきつくなってきたので、手伝いなども免除しました。娘には「いまは大変な時期だからやってあげるけど、中学生になったら自分でやろうね」と伝えていました。直前期は大好きな本を読む時間もタイマーをセットして10分間だけと本人が決めていました。**その時々でやらないことを決めることはやるべきことに集中するために必要**です。

やってみよう！

そのつど子どもと「何をやらないか」を相談してみましょう。

029

勉強計画は30分ずつ組む

25分勉強、5分ブレイクで効率が一気に高まる

□人間の集中力は15分で途切れる

毎日の勉強は30分単位で設定するようにしましょう。2〜3時間のまとまった時間が取れる場合でも、30分単位に分解して予定を入れるのです。これは、ポモドーロテクニックと呼ばれる手法で25分間集中し、5分間の休憩をとることで生産性を大きく向上させます。「30分で集中できるの?」と思われるかもしれませんが、人間の集中の波は、長く集中が続くわけではなく、15分間隔であることがわかっています。

30分だと集中の波が2回くるので15分ずつ計算と漢字に分けて行うと効率よくこなせます。過去問など制限時間が決まっているものを除き、基本的にこの方法でやったほうが疲労感も少なく、集中力も維持できます。第2章で紹介した学習タイマー（↓P.59）を活用

すると無理なく習慣づけるのに役立ちます。

□計画は自分で立てることを目指す

塾に通いはじめた当初は、一緒に勉強計画を立てましたが、次第に娘が自分で組めるようになりました。子ども自身が自分で計画を立てることがPDCAの第一歩ですから、いつまでも親が全部決めるのではなく、徐々に自分で決められるように促していきましょう。

30分単位でスケジュールを組むと集中しやすい

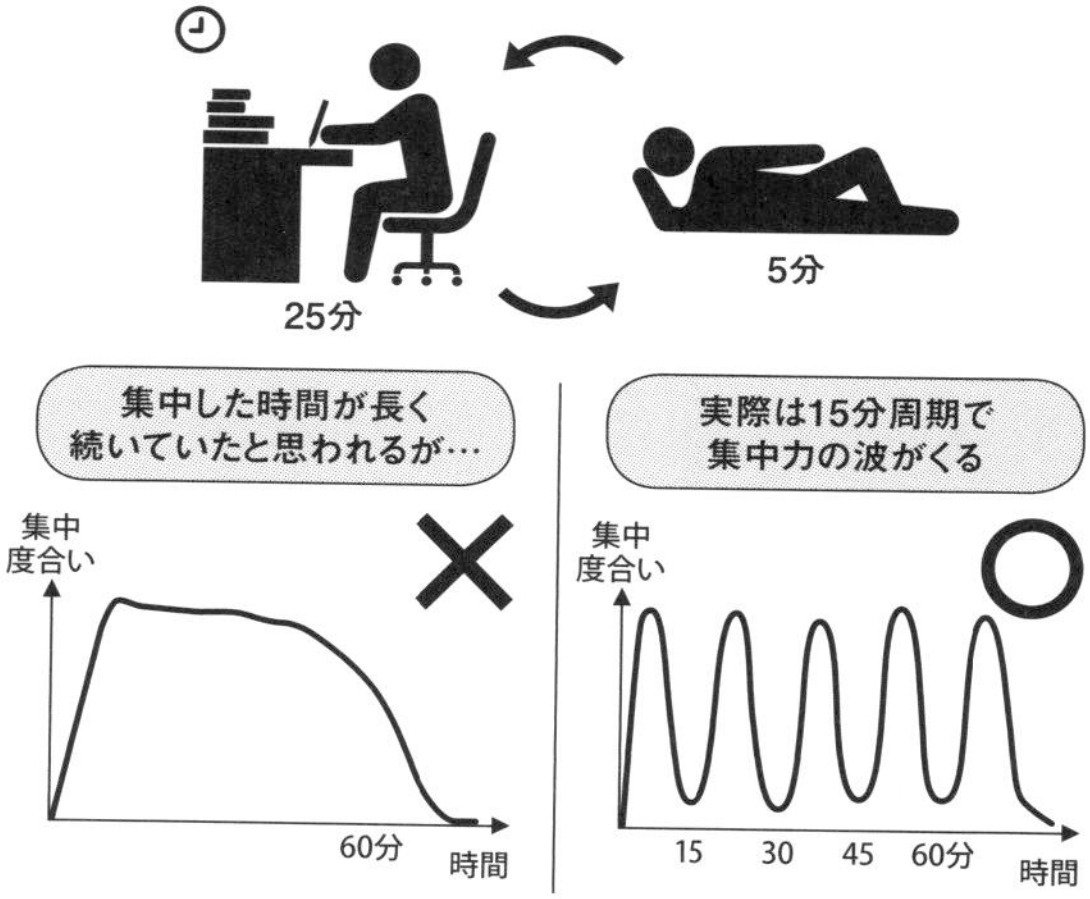

やってみよう！

タイマー付きの時計を活用して25分、全力で集中してみよう。

030

失敗しない振り返り方

子どもがスムーズに聞き入れ、次につながる言葉がけ

□相手を責めても解決しない

Ｃｈｅｃｋ（振り返り）はＰＤＣＡを回すうえでかなり重要ですが、実はここで失敗してしまうことが多いようです。よくある振り返りの失敗例をあげてみます。

失敗パターン①：そもそも振り返らない

テストの受けっぱなしは一番もったいないことだと思います。その週のテスト結果から1週間の勉強の仕方までが振り返りの対象です。

失敗パターン②：「どうしてできないの？」と問い詰める

振り返りを子どもと一緒にする場合、つい「どうしてわからないの？」「どうしてやるべきことをやっていないの？」と聞いてしまいがちですが、この「どうして？」という言

葉は実は仕事でもあまり使わないほうがいい言葉です。「どうして?」は相手のやったことを責めるニュアンスが強く、いわれたほうは「だって／でも／どうせ」の言い訳や反発モードになってしまいます。理由を聞き出したいときは「どうして?」ではなく、「こうなった原因は何だと思う?」「わからないポイントはどこだった?」などと聞くと、子どもも客観的に考えやすくなります。

また、よい結果になったときは「今回とてもよくできたけど決め手は何だったと思う?」と聞くと、よい結果につながった行動が記憶に刻まれ、「また次もこうしよう!」とよい結果をくり返しやすくなります。

失敗パターン③：「次は気をつけよう!」と気合い入れで終わる

振り返りをしても次の行動が「次はもっと頑張ろう!」「しっかり気をつけよう!」という気合い入れだけでは改善につながりません。次項からは行動につながる振り返りの仕方を紹介します。

やってみよう!

親子で効果的な振り返りのやり方を考えてみましょう。

031

間違えたときこそ学力がつくチャンス

勉強とは、できない問題ができるようになること

□丸をつけたら終わりではない

多くの子どもはテストの成績が悪いと不機嫌になると聞きます。不機嫌になって当たり前と思われるかもしれませんが、そこで教えてあげてほしいことは「勉強とはできなかったところをできるようにするもの」であるということです。テストは単なるクイズではなく、できていないところを見つけ出し、確認するためのものです。できなかったところを理解できるようにすることでぐんぐん学力がついていくのです。

「丸つけをした後に解き方や考え方を確かめる子ども」が25％にとどまると前述しましたが（↓P.66）、勉強は丸をつけたら終わりと思っている子どもが大半なのです。

丸つけしたら宿題終了、テストで点数が出たら勉強終了ではなく、その前後も、つまり

計画から実行、チェック、振り返りのＰＤＣＡ全体が勉強であることを教えてあげてほしいと思います。

□振り返りしやすい雰囲気を作る声がけ

できなかったところをできるようにするには、自力で解法を見てわかるものと、先生やだれかに聞かなければわからないものが出てきます。

間違えたところをできるようにするのが勉強ですから、くれぐれも「こんな問題を間違えるなんて」などと叱ったりせず、「これができるようになったら完璧だね！」「また一つ学んだね」「これでできるようになったね」と、振り返りのモチベーションが上がるような声がけをすると効果的です。

てっやみよう！

間違った問題ができるようになるたび、頭がよくなると教えましょう。

032

勉強へのゆるぎない価値観を育てる

人生はゼロか100ではないことを伝える

□一生モノの学習観を育てよう

子どもは、問題を解いて丸つけをすることまでを勉強と思い込んでいますが、そうではなく、勉強とはPDCAすべてを回すことなのです（↓P.78）。

学びに関する実態調査（↓P.66）では、子どもが持つ勉強への考え方と成績の関連性も調査しています。次ページの図の学習観（＝勉強への考え方）は、東京大学の市川伸一研究所で体系化されたものですが、左側の学習観、つまり**結果でなくプロセスを重視する考え方を持っている子どもの成績が高いことが調査の結果明らかになりました。**

また、この学習観は親からの動機づけとの関連も高いことが明らかになっています。

この考え方を活用すると無理なく習慣づけるのに役立ちます。４つの志向を見ていただく

どちらの学習観を与えたいですか？

P	**方略志向** 勉強することや勉強の仕方を工夫することを重視する考え方	⟷	**練習量志向** 学習はたくさん覚えたり、練習したりすればよいという考え方
D	**意味理解志向** 学習内容の意味を考えたり、解き方や考え方を確かめながら学習を進める考え方	⟷	**丸暗記志向** 学習内容を暗記すればよいという考え方
C	**思考過程重視志向** 結果がよくても悪くても、その理由を考えることが大切であるという考え方	⟷	**結果重視志向** とにかく点数や結果さえよければよいという考え方
A	**失敗活用志向** 間違うことで理解不足に気づき、よりよくわかるようになるという考え方	⟷	**他者依存志向** わからないとき、すぐ周りの人に頼ればいいという考え方

と、まさにPDCAに当てはまることがわかります。

まずは計画から実行、確認、理由分析、間違えた箇所の解き直し、次への対策すべてが勉強であることを根気強く伝えましょう。

さらに、親の態度や言動、働きかけや声がけが、右側の結果だけを重視する志向性を促すものになっていないかは常に注意しましょう。テストの結果で親の態度や機嫌が変わったり、頭ごなしに「とにかく覚えなさい！」という声がけをいつもしていると、右側の志向性を促してしまいます。

また、よく聞かれるカンニング問題は結果重視志向が悪く出てしまっている状態です。「第一志望校に受からなかったら意味がない」「偏差値が低い学校なんて行く意味がない」というゼロか100かの結果重視の考え方も、右側の志向につながる考え方といえます。

受験を通して、トライアンドエラーをすることで、計り知れない学びの喜びが得られます。

やってみよう！

結果よりもプロセスを重視する声がけをそれぞれ考えて結果だけを重視する声がけを封印しましょう。

033

間違えた問題をそのままにしない

短時間の勉強でもこんなに差がつく「振り返りスキル」

□差を生み出すのは丸つけの後

またもや前述の実態調査の結果を参照しますが、「成績上位・学習時間が短い」子どもと、「成績下位・学習時間が長い」子どもを比較して、勉強のやり方で最も異なったのが、「丸つけをした後」の行為であることがわかりました（→P．85）。これは中学生のデータですが、中学受験の勉強範囲は小学校の勉強の範囲を超えていることから考えると、このデータもかなり参考になると思われます。次に大きく差があるのが、**「何がわかっていないか確かめながら勉強する」こと**です。いずれも振り返りの重要性を裏付けることはもちろん、振り返りを行えば短い時間で学習効果を高めることにもつながることが読み取れます。

□はじめのうちは親子で振り返る

これらは自然にできるようになるわけではないので、最初のうちは一緒に振り返りをしてあげるとよいと思います。

娘は最初のうちは「模試の振り返りやろう」というと「えー！」と嫌そうな態度でしたが、6年生になると模試終了時に解答をもらうとその場で確かめて大体の振り返りを済ませて、電話で「算数は凡ミスゼロ。理科微妙……」など結果速報をしてくるようになりました。

慣れてくると振り返りにかかる時間も短くなってきます。振り返りのときは「この正答率が低い問題ができたんだ！　やるねー！　どうやったの？」「この問題が次に出てきたらどうする？」「これができれば完璧だったね」など前向きな言葉をかけてあげるとよいと思います。

やってみよう！

振り返りを促す声がけをいくつか考えておきましょう。

有益な振り返りができるかが成績アップのカギ

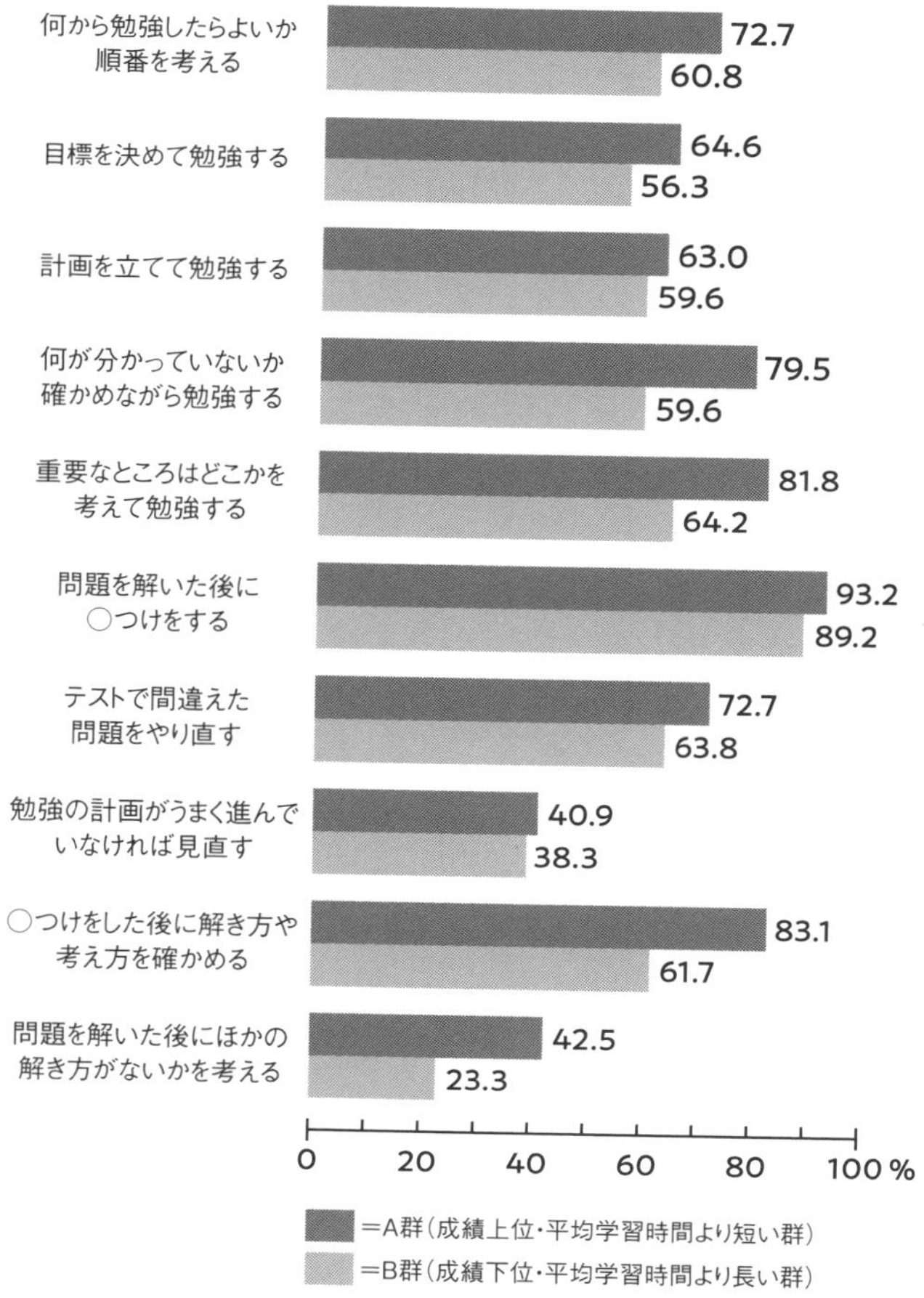

※出典：小中学生の学びに関する実態調査　報告書［2014］ベネッセ教育総合研究所
https://berd.benesse.jp/shotouchutou/research/detail1.php?id=4574

034

ミスの数だけ頭がよくなる

失敗を学びに変えて大きな成功をつかむ

□失敗が少なすぎると大失敗を招く

子どもが振り返りをやりたがらないのは、そもそもテストでの間違いや勉強がうまくはかどらなかったなどの失敗を「あってはならないこと」と捉えているのが理由です。

ＰＤＣＡでは、**失敗は悪いことではなく活用するものであり、学びの機会と考える「失敗活用志向」である**ことが大きな特徴です。仕事で例をあげると、新規事業のＰＤＣＡでは検討段階の試行錯誤における失敗の数が重要な指標とされており、失敗が少ないまま事業を開始してしまうと逆に大失敗につながるといわれています。試行錯誤の中で小さな失敗を学びに変えて大きな成功につなげていくことは、まさに受験勉強でも人生でも同じです。失敗を克服できた分だけ頭がよくなると教えてあげてほしいと思います。

□「行動」と「結果」のセットで振り返る

失敗の具体的な振り返り方は、**結果だけを見るのではなく、「どんな行動をして、その結果になったのか」をセットで考えさせる**ことです。たとえば、同じ「計算ミス」という結果でも、四則演算の順番を間違えてのミスなのか、筆算のときに斜めに書いていて桁ズレが起きてのミスなのかでは、その後の改善方法が違ってきます。

前者なら、「計算式のかけ算と割り算に計算順の番号をふる」、後者なら「まっすぐに書けるスペースに書きはじめる／斜めにならないよう紙の置き方を変える」と改善できますが、ミスにつながった行動を特定しないと「次はミスしないよう気をつける」という漠然とした改善策にとどまり、また同じミスをくり返すことになります。「あまり勉強できなかった」という結果に対しても同様で、どんな行動がその結果につながったのかを特定し、その原因を一緒に取り除いてあげるとよいでしょう。

やってみよう！

なぜその結果になったのか親子で行動を分析してみましょう。

035

子どもに響く親の声がけ

主体性に働きかけ、行動を促す具体的な言葉がけを

□ 〝のび太のママ〟になっていませんか？

あるとき、娘が「のび太のママって勉強しなさい！って怒ってるだけで具体的には何もしてないよね。あれじゃのび太がかわいそうだよね」といっていました。確かにそのとおりかもしれません。受験期間中の親の関わり方は各家庭ごとに異なりますし、正解があるわけでもありません。親が勉強を教える親塾のような濃厚な関わり方もあれば、管理型として緻密な勉強スケジュールとその進捗管理をするという関わり方もあるでしょう。仕事を持つ親がＰＤＣＡ的に関わるときに心がけるのは、子どもの主体性を引き出すことです。なぜなら、ＰＤＣＡは無理やりやらされても効果はないからです。そこで重要となるのが、行動につながる声がけや振り返りを促す親の問いかけです。

「次のテストまでに何をやっておいたらいいのかな?」「今日やるべきことはほかにないかな?」「転記ミスはどうしたらなくなるのかな?」など、**子どもが行動を振り返って自分で考えられるような声がけを意識してみましょう。**

また、「いいかげんに○○はやめなさい!」も具体的な行動につながらない声がけです。やめるために何をするのかを、子ども自身が考えるような声がけが必要です。

娘の場合は本を読み出すと軽く1時間以上たってしまうのですが、「本を読むのやめなさい!」といっても「いまやめようと思ってたのに!」と反発されてしまうので、「読書はどれくらいするの?」「あと10分」「OK!」という感じで声をかけていました。それでも時間オーバーになってしまったときには、「10分っていってたけど30分たっちゃったね。次からはどうしたらいい?」と声をかけると「タイマーをかけるようにする」「ここまで読むと決めておく」など自分でどうするかを考えて動けるようになっていきました。子どもの行動につながる声がけをあらかじめ決めておくとよいでしょう。

やってみよう!

具体的な行動につながる声がけを何パターンか用意してみましょう。

スタートアップ
準備
実践! PDCA
親子関係
情報活用術
科目別勉強法
直前期・当日の過ごし方
アフター中受

036

頑張ったことをメモする習慣

手に取るように学びの軌跡がわかるツールを使いこなす

□自分の頑張りの記録が本番のお守りになる

親が常に「あれしなさい」「これしなさい」と管理し続けていると、親も疲弊しますし、お互い感情的になって親子関係が険悪になりがちです。**行動を振り返り、何をすべきかを決めるのは子ども自身にやらせるよう心がけましょう。**

ここで娘の振り返り記入例をお見せします。娘の塾では方略シートがあり、テストや過去問を解く前に、どういうふうに受けるかという方略（Ｐｌａｎ）を立て（↓Ｐ.91）、受けた後に振り返り（Ｃｈｅｃｋ＆Ａｃｔ）を行います。

塾の先生によると、入試にこのシートをお守りがわりに持っていくお子さんもいるそうです。

やってみよう！

先輩や受験経験者の振り返りのやり方を参考にしてみましょう。

行動を振り返り、次につなげる

方略シート

テーマ　ぼう線に着目する	
方略 ・いつも設問をよんでプロセスをたてることばかり考えていて、ぼう線に着目していなかった。設問を読んだら一度ぼう線に戻って、原因や具体化をきかれていたらプロセスをたてて、ぼう線の言葉を探すものかどうか考える。（抜き出しや記述） ・設問できかれていることを意識してどんなプロセスか考える。（選択肢）	
月　　日	国・算・社・理
番号	氏名

自分がどれだけやったのかが見える化でき、「これだけやったのだから、大丈夫！」と大きな自信につながっていくのでしょう。

方略シートを書くことは、自分を客観視する絶好のトレーニングになります。

ふだんからこうした〃メモする習慣〃をつけておくと、直前期に過去問に取り組む時期にとても役立ちます（↓P.106）。

何かをやるときに作戦を立て、実行し、振り返るという仕組みを体で覚えるトレーニングになります。

037

プロセスが順調なら結果はついてくる

小刻みな先行指標の積み重ねが偏差値で表れる

□プロセスを確実にモニタリングする

ＰＤＣＡを回していくうえで、順調に進んでいるかどうかを測るための指標が必要です。指標には目標に近づいているかどうかを示す結果指標と、プロセスがうまくいっているかどうかを示す先行指標があります。注目されがちな偏差値は結果指標の一つです。以下にそれぞれの指標の例をあげてみます。

どの指標を重要視するかは時期によっても変わってきますが、まずは結果指標である偏差値をアップさせるために先行指標を確実にモニタリングすることで勉強習慣をつけていったほうがよいでしょう。先行指標が達成できているかどうかもわからないまま、結果指標だけを見て一喜一憂していてもＰＤＣＡはうまく回りません。勉強時間を先行指標とす

結果指標の例	模試の偏差値、合格可能性、志望校別模試順位、過去問点数など
先行指標の例	勉強時間、勉強計画達成率、小テスト・週テストの点数、正答率など

るなら週間スケジュールシート(↓P.67)に「目標3時間・実績2・5時間」などと記入し、できたかどうかを子ども自身がわかるようにするとよいでしょう。

勉強時間ではなく、勉強計画達成率を先行指標とするなら週間スケジュールシートのDoの欄に「○△×」などで達成状況を記入させます。わが家の場合、時間ではなく勉強計画達成率で見ていました。

6年生後半になると、偏差値よりも過去問の点数や志望校別模試の合格可能性のほうが重要な指標になってくるなど変わってきますが、先行指標をしっかりと伸ばすことが結果指標につながります。

やってみよう!

**達成状況を測るための先行指標を決めて
PDCAスケジュールシートに書き込んでみましょう。**

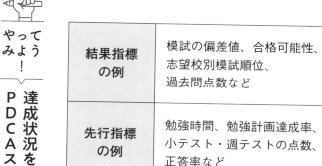

038

受験偏差値の正しい捉え方

そもそもハイレベル集団の中での指標である

□各種模試の特徴を理解して受ける

偏差値についてもう少しお話しします。中学受験の偏差値50というと大学受験を経験してきた方はあまり高くない印象を持たれるかもしれませんが、これは全小学生の中間値ではなく、中学受験をする層の中間値です。首都圏では概ね15%の小学生が受験をしますが、学校の勉強では上位層の子たちが多いため、同学年全体で偏差値を出せば偏差値は10くらい上がるといわれています。ですから偏差値40といっても小学生全体の下位集団に位置しているわけではありません。さらにいうと模試の母集団が異なると同じ学校の偏差値も異なります。たとえば女子最難関である桜蔭中学のある年の合格率80%の偏差値が左表です。

つまり、**自分の志望校を受験する層が多く受ける模試を選んで受ける必要があります。**

模試種類	首都圏模試	四谷大塚模試	日能研模試	SAPIX 模試
桜蔭中偏差値	75	72	68	62
受験者数	約14,000人	約14,000人	約12,000人	約7,000人

□偏差値は学校の人気や入試日程にも左右される

志望校の偏差値は人気度や入試日程によっても変わってきます。ある塾の先生によると「人気投票に近い」とのことで、入試日が複数回あるニュータイプの学校は、受験する機会が多くてラッキーと思われるかもしれませんが、後半の日程の偏差値は上昇する傾向にあります。ある学校は多くの難関校の入試が重なる2月1日では偏差値60であっても、2月4日になると65に急上昇したりします。

さらに、下位の偏差値帯の学校であれば受かるかというと入試問題の傾向いかんで結果が左右されることも多いのです。**偏差値はあくまでも4～5年生時点での目安であり、6年生では志望校を見据えた対策が必要**になります。

やってみよう！

学校や入試問題の特徴を理解したうえで偏差値を参考にしてみましょう。

039

まずは週テスト対策を万全に

授業を受けながら重要ポイントを同時に把握する

□週1の小テストでもPDCAを回す

大手塾のほとんどは週1回か隔週でその週に習った学習範囲の週テストがあります。4年生だと週2日くらいですが、5~6年生になると週3~4日は塾の授業があり、進度がかなり速いのでけっこうな広範囲になります。たとえば社会の歴史は1コマ90分授業で1つの時代が終わるくらいのハイペースです。大人なら、すでに歴史の知識の土台があるのでその時代でのポイントや覚えるべきことの見当がつきますが、子どもはまだ学校で習っていない状態からその時代について1週間で仕上げなければなりません。科目別の学習法については後述しますが、**1週間のサイクルでPDCAを回せるように4年生で習慣化できていると、それ以降が格段にラクになってきます。**

□優先順位と理解度でマークをつけておく

週テストのプラン（P）の立て方ですが、範囲が広いことから宿題の量も当然多く、そもそも終わらない量であることを前提に考えましょう。どこまでやるべきかは授業中につけるマークで決めます（D）。授業を受けながら「絶対に外せないもの＝◎」「やったほうがいいもの＝○」とテキストにマークをつけます。理解できなかった問題には「?・」のマークをつけます。授業の後には「?・」マークのところを質問するほか、どこまで完璧にしたらよいか、「◎○」マークをつけた範囲を先生に確認します。ここまでを授業でやっておくとテスト対策で優先することが明確になります。

振り返り（C）の時間は、次の週の勉強があるためたっぷり時間をかけるのは難しいのですが、**マークをつけた箇所を中心に振り返りをして復習する**（A）など短時間でも確実に振り返りができる習慣を4年生のときにつけておくとよいでしょう。

やってみよう！

授業を受けながらテキストにつけるマークを決めたうえで宿題や復習の取り組み方を決めましょう。

040

模試で実践力を鍛える

模試を最大限活用する方法

□週テストの復習をしながらヤマを張る

模試は未習単元がある6年生前半くらいまでは模試前の2～3カ月分くらいが範囲です。本来、週テストが万全なら模試向けにわざわざ勉強する必要はないのですが、範囲も広いことから少し前のことはすでにうろ覚えになっていることも多いもの。そこで、週テストの復習ノートを中心に勉強の計画を立てます（P）。

また、どこが出そうか出題される問題を予測して準備する（D）のもおすすめです。これはヤマを張ってそこだけ頑張って勉強すればいいというわけではなく、**重要な単元はどこか、多くの子と差がつく単元はどこかを考えてしっかり押さえておくため**です。実は私は試験でヤマを張るのが昔から得意で、娘の模試でも何度も当て、よく驚かれました。

□模試では正答率を見よ！

模試といえば偏差値ですが、それだけを見ていては模試を活用できているとはいえません。**模試で見るべきもう一つの指標は各問題の正答率です。**正答率はその模試を受けた子どものうち何％が正解しているかを示したものです。正答率何％の問題までできるようにするかは目指す偏差値によって決まります。模試の母集団によって異なりますが、娘の塾では大まかに上図を目安にしていました。たとえば、志望校の80％合格偏差値が65であれば正答率20％未満の問題は間違えていても振り返りの対象にはしないなど範囲を決めます。

すべてを振り返ろうとすると時間が足りませんので、正答率で絞ることをおすすめします（C・A）。

偏差値65なら正答率20％以上の問題を復習する

目指す偏差値	復習する正答率
70	10％以上
65	20％以上
60	30％以上
55	40％以上
50	50％以上

やってみよう！

模試の振り返り方を親子で決めてみましょう。

041

振り返りノートで苦手を克服

失点パターン別に対策する

□模試でよくある失点パターン

模試の結果をもとに次への対応を決める際、自分の失点パターンを知っておくと振り返りがしやすくなります。これらは「振り返りノート」にまとめておくと、次の模試や本番前の最後の模試の前に見直すことができます。

パターン①：正答率が高い問題を落とす↓同じミスを防ぐ行動を決める

正答率が高い問題で落としているものは本来できているはずではありますが、ここで「凡ミスだね」とすませるのではなく、どういう行動がそのミスにつながったのかを把握して次に起きないようきちんとメモしておくといいでしょう。

例：四則演算の順番をミスした↓式に計算順の番号を書いてから計算する

グラフから読み取れなかった↓グラフに条件文の情報や数値を書き込む

パターン②：時間が足りなくてできなかった↓ふだんの勉強でも制限時間を決める

単純に問題を解くスピードが遅い場合と、時間感覚が身についていない場合があります。いずれにしても時間を計りながら勉強するのがよいでしょう。とくに計算のスピードは大きな差につながるため、計算問題の制限時間の8~9割に時間設定するといいでしょう。

パターン③：週テストはできたのに模試ではできなかった↓類題でトレーニングする

週テストは、宿題用問題集と条件の数値だけが違っているなどよく似た問題が出ることが多いため、暗記してしまうことがよくあります。公開模試は少し条件が複雑になっていたりするので「習っていない問題が出た」となることもありました。

暗記型の勉強を続けていると、そもそもの理解の部分があやふやになっていることが多いため、市販の問題集を少しだけ取り入れるのもおすすめです。問題文やレイアウトの多少の違いに惑わされずどう解くかを試す練習になります。

やってみよう！

模試の失点分析をして、振り返りノートを作りましょう。

042

長期休みこそ弱点補強のチャンス

苦手分野の選択と集中学習は長期休みこそおすすめ

□自習できるものと理解を深めるものとを仕分けする

「夏休みは受験の天王山」。6年生になると何度もいわれるこの言葉ですが、夏休みに限らず、春休み、冬休み、ゴールデンウィークなど学校が休みになる長期休みは苦手分野のPDCAを回す絶好のチャンスです。多くの塾の講習・授業は復習中心ですが、それに加えて苦手分野対策を組み合わせると自信にもつながります。

手順としてまずは苦手分野の洗い出しをします。週テストや模試で分野別に正答率が出ている中から選びますが、あまり欲張りすぎると終わらなかったりするので、「これだけは!」というものを選びます。

それらの分野を自習できるものと、だれかの助けが必要なものに分けます。自習できる分野としては、社会や理科の知識分野です。また算数で解法は理解できているのに点数が取れていない場合は、演習問題の解く量が不足していることが原因なので、演習量をこなす勉強を数周回すことで得意にすることが可能です。

次に以下のようなものは自分で勉強するよりもプロに頼んだほうが効果的です。

・算数でそもそも解法を理解できていない分野
・理科の地学や化学など仕組みを理解できていない分野

これらは元々の理解不足が原因なので、1人で勉強するとさらに苦手意識が募りがちになるため、教えてもらう計画を立てます。教え方がものをいう分野も多いためプロの手を借りるのも一案です。娘の場合、夏休み中に個別指導で理科の2分野をお願いしたところ、2回の授業で効果抜群でした。また、苦手の算数は6年生の夏に500もある演習問題を2周回したところ、9月以降の模試ではトップレベルに入れる力がつきました。**「苦手科目ができるようになった！」という達成感は自信につながります。**

やってみよう！

模試の失点分析から長期休み中の克服プランを立ててみましょう。

043

過去問を制すれば合格に近づく

過去問を解く前にやっておきたい2つの準備

□過去問準備はかなりのペーパーワーク

6年生の夏休みが終わるといよいよ過去問に取りかかる時期です。それまでは塾のカリキュラムに則って進めてきていますが、過去問の計画・実行は家庭に一任されます。過去問対策は大変なペーパーワークで、多忙な働く親には大きな負担かもしれませんが、ここをいかに乗り切るかが大きなカギとなります。106ページに準備・実行の全体図を示しますが、ここでは準備の仕方を紹介します。

【STEP1】過去問を入手する

入手方法は3パターンです。

①過去問問題集（以下、赤本と書きます）を購入する

受験予定の志望校のものをすべて準備します。「声の教育社」と「東京学参」と2社から出ていますが、解説のくわしさから「声の教育社」がおすすめです。

②学校説明会などで購入、またはもらう

実物のレイアウトやサイズ、紙の質感などを知っておくためです。

③四谷大塚の「中学入試過去問データベース」からPDFをダウンロードする

無料で入手できますが、解説がないので「もしかしたら受けるかも?」という学校のものを入手してみるなど補助的に使うとよいと思います。

【STEP2】問題と解答用紙をコピーする

志望校の5〜10年分、各4科目の問題と解答用紙をコピーします。赤本はB5サイズなので実際の解答用紙のサイズに合わせて拡大コピーします。**問題のページは字や図が小さいので見開きでA3に拡大コピー**します。

やってみよう!

最新の過去問を入手し、A3に拡大コピーしてみましょう。

直前まで役立つ! 過去問攻略のPDCA

[実 行]

方略シートを記入し、過去問を解いて振り返りをシートに記入

先生に提出し解説を受けたり、解説動画を見る

返却された方略シート、過去問、解答用紙をファイルで管理

志望校別・科目別にバインダーノートで振り返りノートを作る

過去問の準備・実行の手順

N塾の例

［準備］

過去問を入手する

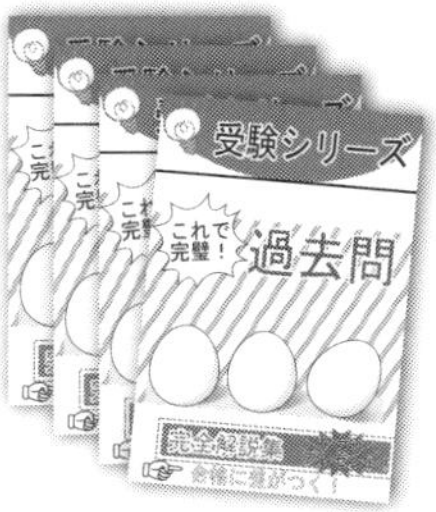

過去問実物

学校説明会などで入手

実行計画を立てる

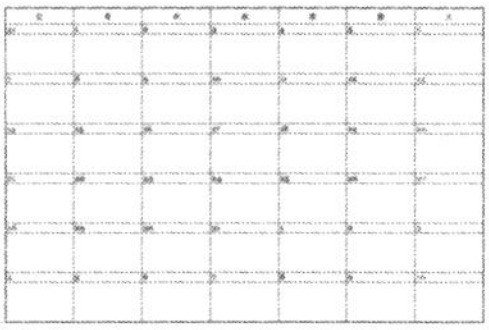

ファイルにインデックスをつけて、過去問のコピーを入れておく

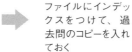

044

過去問の効果的な取り組み方

6年生の秋からは志望順位の高いものから重点的に

□過去問に取り組む時間は意外と少ない

6年生の秋からは過去問対策が重要になってきますが、取り組める時間はひじょうに限られています。大体どれくらいかかるのかをざっと計算してみましょう。まず、志望校数(仮に4校として)×3年分×4教科＝48回です。解く時間と振り返り時間を合わせると1回分で1・5時間くらいかかるので**総時間としては大まかに72時間**です。

平均5～6校受験するとして、年数も志望順位が高いところや科目によって5年分、10年分、安全校やお試し校は1年分だけにするなど、塾からの指示は異なりますが、いずれにせよ、かなりの時間が必要です。はじめる時期ですが、娘の場合は科目や志望校で取り組みはじめてよいといわれる時期が違いました。たとえば国語は「いつでもどの学校でもすぐに取り組んでＯＫ」、算数は「第一志望は志望校講座の対策を受けてからがいいので10月から。それ以外の学校は夏休み中からでもＯＫ」とされました。

□3カ月の月間スケジュールで計画する

実際の計画の立て方ですが、塾から配付された9～12月の月間スケジュールに「志望校・年・科目」ごとに娘が記入していきました。6年生の秋から週末は毎週志望校講座と模試、平日は塾の授業が遅い時間まであるので計画をしっかりと立てておかないと年内に終わらせることができません。記入してみると「全然時間が足りない！」と叫んでいましたが、**自分で計画を立てることで1回ごとの取り組みの真剣さが増した**ようです。「1年分4教科を当日の時間どおりにやってみましょう」と塾からいわれましたが、まとまった時間をとることはできず、1～2科目ずつ取り組むスケジュールになりました。何度かくり返し取り組んだ科目もありましたので、余裕を持って組み込むとよいでしょう。

やってみよう！

志望校が決まったら6年生の秋から過去問計画を立ててみましょう。

045

自信がつく！ 過去問分析法

徹底研究で本番に最大限生かす

□合格者平均点を目指す

過去問に取り組む際に重要な指標になるのが、合格者平均点と合格者最低点です。多くの学校は赤本にその年の合格者と受験者の平均点と最低点が出ていますが、女子御三家のように公表していない学校もあります。その場合は「7割くらい」など塾から合格ラインが提示されるのでそれを目安にします。私は過去問用管理ワークシートを作成し、受験予定の志望校の5～10年分を作成し、取れた点数を記入して、どれくらいギャップがあるのかを分析しました。分析のポイントをいくつか紹介します。

ポイント①：合格者平均点を取れるかどうか

合格者平均点に届かない場合にはチャレンジ校、合格者平均点を9～10月など早い段階でクリアできれば無理のない最適校や安全校と位置づけられます。合格者平均点を超えられない場合にはとくにギャップがある科目について徹底分析します。

ポイント②：４教科全体で超えられるよう目標点を決める

合格者平均点を超えるにあたり、４教科すべて超えられるのがもちろんよいのですが、たとえば算数が苦手な場合、国語で合格者平均点より10点以上取れるようにしておき、算数の失点許容範囲を決めます。娘の場合、チャレンジ校の算数はかなりの難易度にもかかわらず、合格者平均点も8割と高得点勝負だったため、国語9割、算数7割を目標にしました。

ポイント③：方略を立ててコンディションのよいときに取り組む

過去問を解くときは、事前に時間配分や問題への取り組み方を決めてから取りかかるようにすると、振り返りもしっかりできて貴重な機会が生かせます。娘は塾で配付された過去問方略シートに記入してから解いていました。自信喪失につながるので疲れているときは避け、コンディションのよいときに取り組むようにしました。

やってみよう！

受験予定校の合格者平均点・合格者最低点を意識して過去問に取り組んでみましょう。

046

過去問解説をモノにするには

志望校への対応力を高める準備

□過去問の解説をだれにやってもらうのか

過去問の振り返りが重要なのはいうまでもありません。単なる丸つけにとどまらず、**その学校が求めているものに対応できているか、距離を詰められているかを認識しなければならない**からです。振り返りで解説をしてもらう候補としては以下があげられます。

①塾の先生

取り組んだ過去問を塾の先生に提出し、コメントや授業終了後に解説してもらいます。生徒の数×志望校数×年数となると先生も見るのに時間がかかるため、返されるまでに時間がかかりますが、日頃接している先生からの叱咤激励はとても励みになりました。

②個別指導の先生

合格者最低点に差がある志望校の過去問対策は、個別指導の先生にお願いするのがおすすめです。過去問を自宅で解いていき、授業で時間配分や解き方を指導していただきました。

③オンライン解説授業

『中学受験コベツバ』(※)の難関校過去問解説動画有料サービスはとても有用でした。問題ごとに難易度と分野別に分析でき、解説もわかりやすかったです。S塾の通常授業やテスト対策の動画で定評があるそうです。また過去問を出版している声の教育社にも過去問解説動画サービスがあり、難関校だけでなくかなりの数の学校の解説動画がラインナップされているようです。

④志望校の入試説明会

学校によっては秋以降に入試説明会があり、前年度の入試問題の解説や得点についての説明や今年度の入試問題の傾向についての説明があるので利用するとよいでしょう。

やってみよう！

過去問の解説をだれにやってもらうか考えましょう。

※ https://chugakujyuken.kobetsuba.jp/

047

本番に強くなる復習法

弱点が一目でわかる過去問振り返りノート

□過去問の振り返りはルーズリーフで

過去問を解き終えたら、間違えた問題を自分で振り返りをして（解き直して）塾の各科目の先生に提出します。振り返りノートを1冊のノートにしてしまうと返却されるまでノートを使えなくなってしまうので、ルーズリーフを使うのがおすすめです。

過去問を解いて丸つけをしたら、すぐに間違った問題をハサミで切り、ルーズリーフに貼ります。解説を見て問題の下に解法や関連する知識や情報などをまとめて書きます。解説を見てもわからない問題は先生に解説をお願いします。返却されたものは、志望校別・科目別のバインダーノートにとじます。

□次は絶対に解けるように

一度、娘が答えの記号だけを書いているのを見て「それで次に出たときに解けるの？」と聞いたところ、それ以降は関連する情報を整理して書くようになりましたが、やはり振り返りの仕方を知っているかどうかは大きいと思います。

できれば4～5年生のうちに先輩のノートを見せてもらい、実際の振り返りのやり方を参考にさせてもらうとよいでしょう。

難関校になってくると知識の組み合わせや正確性を求める問題も多いので、理解不足なところをまとめて関連づけながら振り返るとよいでしょう。

はじめは手も足も出なかった算数の難問も、振り返りで解法を理解し、類題を重ねるうちに解けるようになっていきました。いまでもこの振り返りノートを見ると諦めずに何度も過去問と格闘した娘の姿を思い出してこみ上げてくるものがあります。

やってみよう！

本番まで役立つ過去問の振り返りノートを作ろう。

間違えた問題は解けるまでしつこく研究する

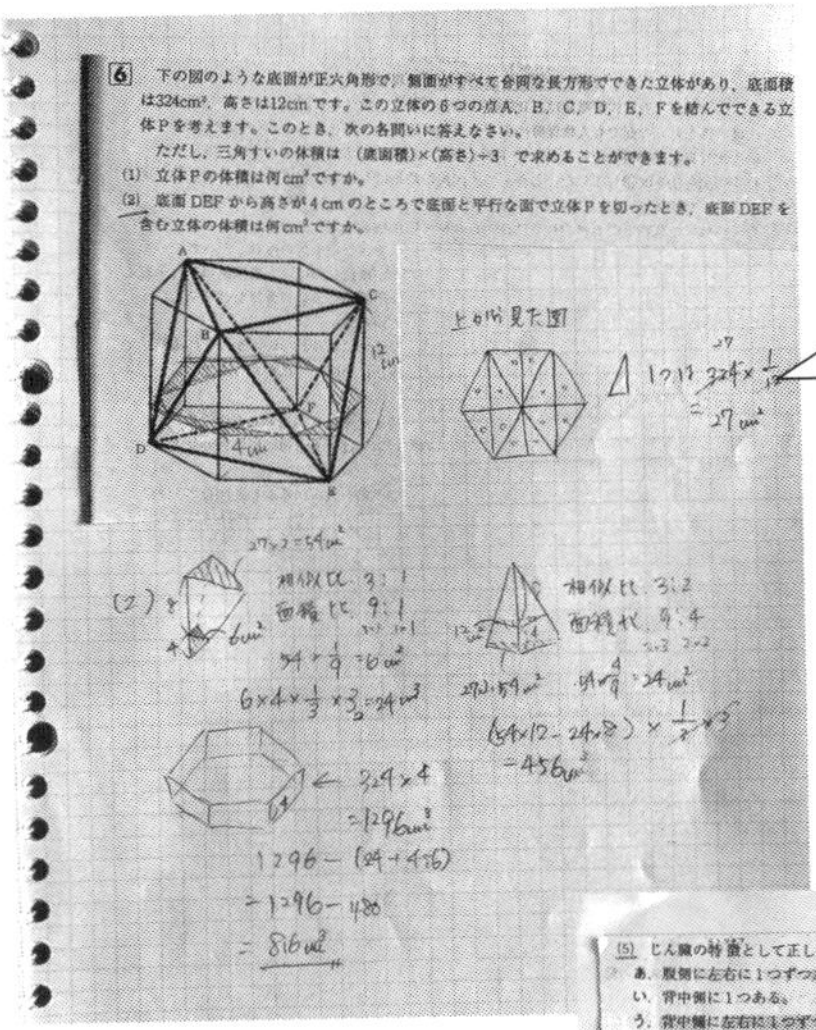

間違えた問題をハサミで切り、ルーズリーフに貼る
↓
算数は解説を見て、解法や関連情報をまとめる

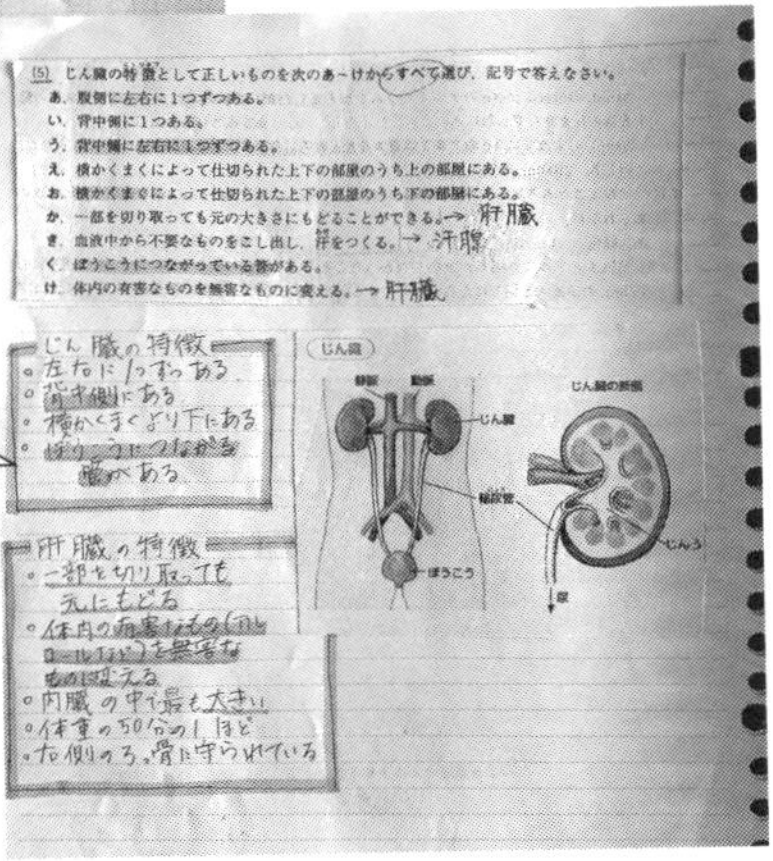

知識問題は設問のポイントをマーキングしたり、関連資料を切り抜いて貼ったりして、次は必ず解けるようにする

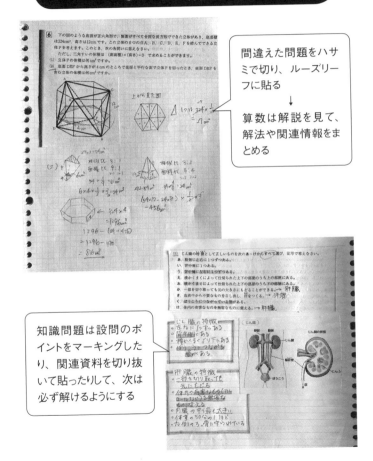

048

過去問が楽しく解けたらOK！

過去問を解くと志望校との相性が肌感覚でわかる

□その学校の問題を解くと、ワクワクするか？

過去問を解くと、その学校との相性がわかるといわれます。各学校の入試問題は傾向がかなり異なっているため、偏差値だけでは判断できない向き不向きを相性といっているのだと思います。では、**そもそも相性とは何かを分解して考えてみると、その学校や入試問題に対しての①得意、②好意、③熱意の3点です。**

①の得意であるかどうかは点数に直結します。国語なら記述が得意かどうか、算数なら大量の問題をスピーディに解くのが得意か、難問を解くのが得意かなどは点数に表れます。

②の好意はその問題を解くのが楽しいかどうかです。これは娘が過去問に取り組んでから理解したことです。娘はある学校の問題はそれなりにできるのに「なんかこういう問題

は解いていて楽しくない」といい、それよりも難問揃いの学校の過去問はなかなか点が取れないにもかかわらず「楽しい」というのです。

前者は過去問や志望校別模試でもよい結果が出ていた学校でしたが、本人があまり好きではないということで受験するのをやめて、塾の先生や友だちからとても驚かれましたが、**本人が自分に合った学校かどうかを、入試問題を通じて感じ取った**のだと思います。

③は不得意であろうが、あまり面白いと思えなかろうが、何がなんでも解けるようになりたいというその学校への想いです。

各年度の過去問をやってみて、合格者平均点を上回ったら緑、5~10点下だったら黄色、それより下だったら赤と信号のように色分けしていくと、問題との相性が一目瞭然になります。黄色や赤になったところを熱意でどれだけ緑に近づけられるかが、チャレンジ校として受けるかどうかの判断基準になります。

やってみよう!

過去問との相性を得意・好意・熱意で分析してみましょう。

第4章

やる気を引き出し
親子関係をよくする習慣

049

モチベーションアップのコツ

やる気のメカニズムを知って徐々にレベルを上げていこう

□やる気には5段階ある

子どものやる気を引き出すことは中学受験に取り組む親が最も頭を悩ませることだと思います。「また子どもを怒鳴ってしまった」と自己嫌悪に陥る例はあちこちで耳にします。娘は『二月の勝者』という漫画を受験終了後に読んで「けっこうみんな大変なんだね。うちは平和だったんだね」といっていました。もちろん私も心中おだやかではないことはたくさんありましたが、比較的心おだやかに接することができたのは、社会人の育成の仕事を通じて学びや感情コントロールの理論、ノウハウを提供していた経験が大きいと思います。まず、やる気には5段階（※）あります。

①外的調整：他人からいわれたからやる状態です（例：ほめられるからやる。叱られるか

やってみよう！

現在の子どものやる気レベルをチェックしてみましょう。

やる気の５段階

	非動機づけ	動機づけはなし
外発的動機づけ	①外的調整	報酬や罰によって
外発的動機づけ	②取り入れ	義務感によって
外発的動機づけ	③同一化	必要性によって
外発的動機づけ	④統合	目的や価値観と合致
	⑤内発的動機づけ	やりがい／楽しさ

らやる）。

②取り入れ：義務感からやる状態です（例：成績が悪いと恥ずかしいからやる。みんなやっているからやる。負けたくないからやる）。

③同一化：必要性によってやる状態です（例：合格するために必要だから勉強する。自分のためになるから勉強する）。

④統合：自分の目的や価値観と行動が一致する状態です（例：将来○○になりたいからいまこれを学ぶ）。

⑤内発的動機づけ：やりがいや楽しさと行動が結びついている状態です（例：面白い、興味がある、楽しいからやる）。

当然、⑤に近づくにつれて勉強の成果は上がってきます。**やる気の段階をどうやって上げていくかがポイント**です。

※出典：Deci and Ryan「自己決定理論（Self-Determination Theory）」
やる気の５段階と３つの欲求

050

やる気をくすぐるアプローチ

子どもが自分から行動するようになるには

□やる気に火をつける3つの欲求

前項で紹介したやる気の5段階ですが、完全に⑤の内発的動機づけを目指すことは難しく、③くらいまで行ければ御の字で、好きな科目については⑤になっていたら大成功と考えると気がラクになります。このやる気の段階を上げていくには「自律性」「有能さ」「関係性」という3つの欲求を高めるアプローチが有効です。

①自律性：自分の行動を自分で決めて行うこと

自分でやることを選ぶようにすることで高められます。PDCAの計画はできるだけ子どもが立てるようにするというのはこのためです。

②有能さ：自分の能力を発揮していること

能力が発揮できているかどうかは偏差値や点数、順位など結果指標になりがちですが、なかなか有能さを実感できない状態のときは、先行指標として、いま現在できていることにポイントをつけたりして、できるようになっている実感を持たせます。

③関係性：他者とつながっていること

だれかと一緒に勉強したり、人に教えたりすることで高められます。自習室で友だちと勉強したり、授業で習ったことを親が聞いてあげたりすることで高められます。

□「なぜ勉強するのか」を子どもに問い続ける

さらに大切なのは**「なぜそれを学んでいるのか」を問いかけ続けること**です。はじめは義務感や必要性が答えになると思いますが、徐々に将来やりたいことや「けっこう面白いよ」といった答えが出てくるようになります。問い続けることで勉強に対する思いの変化が感じ取れるようになってきます。

やってみよう！

子どもの３つの欲求を高めるために何をしたらよいか考えてみましょう。

051

いまできていることにフォーカスする

まずは有能さを認めてから、さり気なくギャップを示す

□コップに水は半分しかないか、半分もあるか

テストの結果が悪かったときや勉強をやらないときは、当然叱りたくなるものです。しかし、ここで感情にまかせて叱ってもやる気の5段階の①の外的調整止まりです。また外的な強制によって「自律性」が侵害されると、内発的動機づけが低下します。「自律性」を損なわず、「有能さ」や「関係性」を高めるほめ言葉を与えることができれば、内発的動機づけに近づくことができます。**結果が悪いときでも、まずはできていることをほめます。**

テストで目標の半分しかできていなくても、「目標の半分まではできたね」とまずはほめるのです。最悪の場合は「毎週、テスト頑張ってるね」でもいいと思います。

その後で「できていないところ」の指摘ではなく、「これとこれができていれば偏差値

5アップで目標に届いていたね」と「ギャップ」として伝えます。**「有能さ」を高めつつ、ギャップを示すことでやる気を損なわずに声がけする**のです。とはいってもほめるところなんて見つからない……と感じるでしょうが、よく観察して探してみてください。

ほめるポイントはいくつかあります。

①前回とくらべてできている点

・今回は空欄がないね・前回解けなかった問題ができるようになったね

②努力している行動

・疲れているのに休まないで塾に行ったね・重い荷物を持ってよく通っているね

・自分からゲームをやめられたね・朝、頑張って起きられたね

③本人そのもの

・かっこいいね・かわいいね・いつも元気だね・素直だね

頑張りを認めてあげることで、できないことに取り組むやる気が生まれてくるのです。

やってみよう！

まずはありのままをほめてからギャップを示してみましょう。

052

ゲーム、スマホとのつき合い方

現代っ子を取り巻く誘惑とのルール決め

□ルールとペナルティはセットで

テレビ、ゲーム、スマホ、漫画、読書……。勉強しようという気持ちを誘惑する楽しいことはたくさんあります。とくに多くの親が頭を悩ませているのがゲームやスマホです。「どうしてやめられないの?」と思うかもしれませんが、これらは大人でもやめられない人は多く、ある意味無理もありません。ゲームは頭のよい人が考えたハマる仕掛けがこれでもかと盛り込まれていますし、動画やSNSなども視聴時間を長くするために工夫され、面白く作られているのですから、子どもがやめられないのは少しも不思議ではありません。

そこで、ルールと破ったときのペナルティを決めます。「一日30分」と決めたら、併せてそれを破ったときのペナルティも、たとえば「守れなかったら1週間没収」などと決めて確実に実行します。さらにペナルティを実行したときにふてくされる、暴言を吐く、勉強放棄など、受け入れない行動をとった場合にはペナルティを倍にする、もしくは永遠に没収などの追加ペナルティも決めます。**ルールとペナルティは親子で話し合い、子どもが納得するまで相談して決めましょう。**ここでも自律性が大切ですし、自分で決めたルールならば守ろうとするでしょう。

わが家はスマホを与えるときには、ネットで見つけた「スマートフォン貸与契約書（↓P．128）」を渡して条件を娘自身に考えさせました。また「スクリーンタイム」という機能で各アプリの使用時間制限を一緒に設定しました。これは一度決めたら例外なしでやる必要があります。「かわいそうだからちょっとくらい延長してもいいかな」と親が一貫性のない行動をとったら、子どもにルールやペナルティを軽視させる悪い刷り込みにつながります。これは受験期間に限らず、**決めたことはきちんと守るということを教えること**でもあると思います。

やってみよう！

ゲームやスマホの使用ルールとペナルティを子どもと一緒に作って実行しましょう。

誓約書 兼 スマートフォン貸与契約書

清水○○（以下、甲という）と清水○○（以下、乙という）は、甲が貸与するスマートフォン（以下、端末という）の利用等に関して、次の通り合意したので本契約を締結する。

第1条（目的）

甲が購入した端末を乙が利用するにあたり、本契約を誠実に守ることとする。端末は文房具のようなツールであるため、過度に依存することなく適切な利用を心がける。

第2条（端末の利用）

（1）基本は、家族との連絡用としてのみ利用するものとする。よって、家族からの着信（電話、メール等）があった場合は必ず返信をすること。

（2）端末やID・パスワードの設定・管理
甲は乙が快適に利用できるよう、端末のセットアップ・設定を行う。IDやパスワードの設定および管理は甲が行い、新規取得や変更等の必要がある場合は、乙から甲に申し出る。また、甲に通知することなく端末設定やパスワードの変更等を行わない。

（3）利用時間
朝6時から夜10時までとするが、帰宅後にやるべき課題が終わるまでは利用しない。
アプリに応じて使用可能時間を別途定め、利用状況によって見直す。

（4）アプリの利用
利用したいアプリがあるときは、乙から甲に申し出る。甲に無断でダウンロード利用はしない。

（5）ソーシャルネットワークサービス（SNS）等の利用
LINEは、家族および学校関係の友人の間で最小限の利用を認める。ただし、知らない人、直接会ったことのない人（友だちの友だち等）とは友だち登録をしない。
Instagramは非公開アカウントとし、閲覧のみ。

（6）利用にあたっての諸注意
・位置情報は重要なものなので、みだりに公開しない。
・調べ物をしたいときは、なにを調べたいかを甲に相談すること。
・写真や動画をとる際には、その必要性をよく考えた上で実施すること。特に公共の場所では、他人のプライバシーに配慮すること。
・面と向かって言えないことは、メールやLINEでも言わないこと。けんかになりそうなときは直接会って話すか、電話を利用すること。
・インターネットに公開されている情報は有益だが、うその情報も多く含まれていることを理解すること。正しい情報を得るために、図書館や書籍、または大人を活用すること。
・一度インターネットに公開された情報は、一生消すことはできない。たとえ友だちだけに送ったとしても、そこからどうコピーされるのかまでは自分でコントロールはできないことを理解すること。
・友だち同士であっても、公共の場所でできないようなことはLINE等でしないこと（裸の写真を送る等）。また、そのようなことを要求されたら、甲に相談すること。

第3条（端末利用の場所）

（1）自宅、及び登下校時に連絡が必要な場合に利用する。
（2）食事中、勉強中の利用はしない。
（3）学校への持ち込みについては、学校のルールに従う。
（4）その他外出時での扱いについては、そのつど甲に相談すること。

第4条（料金）

（1）甲は基本料金、利用を認めたサービス料金を負担する。
（2）破損、修理の料金は、乙が負担する。
（3）その他の料金については、都度相談する。

第5条（監査）

（1）甲は必要に応じて、端末の一切の情報を確認することができる。実施の際は乙のプライバシーを最大限に尊重する。

第6条（罰則）

本契約が守られなかったときは、甲は乙に対して2日間の利用禁止を命じることができる。
再三にわたる注意勧告が続いた場合、また罰則に対して望ましくない態度をとった場合には没収とする。

第7条（有効期間）

（1）本契約書の有効期間は、2020年3月1日から2026年3月31日までとする。
（2）前項の定めにかかわらず、甲は本契約を解約することができる。

第8条（協議事項）

本契約書に定めのない事項が生じたとき、または各条項の解釈につき疑義が生じたときは、甲乙が誠意をもって協議の上解決する。

以上、本契約の成立の証として、本書を2通作成し、甲乙は署名のうえ、それぞれ1通を保管する。
2020年3月1日

甲 ＿＿＿＿＿＿＿＿＿＿　乙 ＿＿＿＿＿＿＿＿＿＿

053

スランプ・低迷期でもあわてない

長期戦はこうして乗り切る

□スランプの原因は何かを見極める

3年間にもわたる受験期間、ずっと順調なことは稀で、大抵の子どもがスランプに陥るようです。ですから、「スランプだ！　どうしよう？」とあわてるのではなく、**「ああ、来たな」くらいに受け止めたほうが少し気がラクになります。**　また、一口にスランプといっても原因はさまざまですからそれによって対応策も変わってきます。

原因その①：受験がまだ他人事

主体的に捉えるための着火が必要です。わが家でとても効いたのは、志望校に通っている知人のお子さんに直接話をしてもらったことです。「すごく楽しいよ」と学校への憧れを高めてもらいつつ、受験勉強の話もしてもらい、そこから火がつきました。

原因その②：身体的な疲れ

娘の場合、運動会や遠足など学校行事が多く残暑も厳しい6年生の秋や、はじめての長時間講習がはじまる5年生の夏は、やはり体がつらそうでした。そういうときは思い切って塾を休ませたり、宿題が終わってなくても早めに就寝させたりするなど疲労回復に努めましょう。週末のテストを休んだこともあります。

原因その③：受験とは直接関係ない精神的ストレス

友だちとのトラブルは子どもにとって大きなストレスであり、勉強への集中力を落とします。学校や塾で何かないかどうか早めに察知したほうがよいでしょう。

知人のお子さんは優秀でいつも最前列（塾の座席は成績順です）だったのですが、妬みからほかの子からちょっかいを出されて成績が落ちてしまいました。塾に頼んで最後列の席に固定してもらったところ、成績が戻ったそうです。相手に態度をあらためてもらうより、早めに親が察知して距離をとる方法を考えたほうが得策です。

やってみよう！

スランプの原因を見つけて対応策をすぐに実行しましょう。

054

親のいうことを聞かないとき

子どもがスムーズに聞き入れる方法を探す

□いうことを聞かない理由と対策

「うちの子、全然いうことを聞かなくて……」。これも受験に限らずよく聞かれます。なぜそうなのか、原因を分析したうえでの対策が必要です。力技で怒鳴っていうことを聞かせようとしても親子関係がこじれるばかりです。

原因その①：親に権威を感じていない→ほかの人の権威を借りる

平たくいうと「なめられている」のです。カチンとくるかもしれませんが、別に全人格においてではなく、受験勉強においてです。この場合、**子どもが権威を感じている人の力を借りることが一番の解決策**です。私は中学受験を終えた先輩ママ友から「○○先生の言葉はとても素直に聞き入れていた」と聞き、私がいっても聞かないときには、娘の尊敬する先生にお願いして伝えてもらいました。そのほか、東大生タレントやメディアで活躍する教育家の本を与えるなども効果的です。

原因その②：やり方がわからない↓できるだけ簡単なやり方を教える

たとえば「プリントを片付けなさい！」といわれても片付け方がわからないことが考えられます。また親が期待するレベルまでは無理なこともあります。「帰宅したらここにいったん全部置く」「科目別に放り込むだけ」「小テストプリントだけ入れる」などやり方をできるだけ単純化して「これならできる！」と子どもが思うやり方を伝えましょう。

原因その③：面倒くさい↓それでどれだけ損をしているかを示す

「式を書かずに答えだけ書く」「グラフに書き込みをしない」など、やったほうが確実に点数につながることを何度いってもやらない場合、それが必要だと思えず面倒だと考えています。もし、それをやっていたら取れていた点数や偏差値を具体的に見せます。ロスがどれだけ大きいのかを見せて「面倒」から「必要」に意識を変えましょう。

やってみよう！

いうことを聞かない原因を見極めて対策を考えてみましょう。

055

反抗期の寄り添い方

10歳の壁を迎えたら――やってはいけない12の聞き方

□自己肯定感と劣等感が交錯する時期

ここまでいろいろと子どもへの接し方を紹介してきましたが、さらに難しいのは反抗期の子どもへの接し方です。反抗期がはじまるのは中学生からと思われている方も多いと思いますが、「10歳の壁」「小4の壁」といわれる高学年にはじまる反抗期もあり、ただでさえ難しい受験期間の接し方をさらにややこしくさせます。娘の場合はまさに小4で、当時は態度も言葉も荒々しく、寝言でも私に暴言を吐いていました（笑）。

文部科学省のＨＰ（※）によると、高学年になるこの時期は幼児期を離れ、物事をある程度対象化して認識することができるようになり、対象（つまり親）との間に距離を置いた分析ができるようになるそうです。体も大きく成長し自己肯定感を持ちはじめる時期で

※出典：文部科学省「子どもの発達段階ごとの特徴と重視すべき課題」

ある反面、まだ自己に対する肯定的な意識を持てず、劣等感を持ちやすくなる時期でもあるというやっかいな状態です。**自己肯定感に裏付けられた「自分のほうが正しい」という思いや、劣等感を払拭したいがための攻撃的姿勢が反抗的な態度になる**わけです。

□能動的な聞き方を実践してみる

こんなときに、親はどうしたらいいのでしょうか。私が塾のセミナーで教えてもらった接し方が効果があったと思うので紹介します。アメリカの臨床心理学者トマス・ゴードン博士が開発したコミュニケーションのやり方で、子どもの話を聞く際に「やってはいけない12の型」と「能動的な聞き方」というものです。次ページにその例をあげますが、「ふつうにこれ、やっちゃってますけど?」と思われる聞き方が多いかもしれません。**反抗期の場合は、自己肯定感を認めつつ、劣等感を払拭し、自分で解決できたというふうに導いていく接し方が求められます。**難しいと思いますが、ぜひトライしてみてください。

やってみよう!

反抗的なことをいわれたときの聞き方を準備しておきましょう。

親がやってはいけない12の聞き方

たとえば、子どもが「勉強なんて嫌いだ！ やりたくない」といったときは……。

1. 命令・指示（子どもに何かをするように［しないように］いう）
「勉強をちゃんとしなさい」「そんなこといわないの！　みんなやっていることよ」

2. 注意・脅迫（子どもにあることをすればどんな結果になるかをいう）
「そんなこといってると、成績が下がるわよ」

3. 説教（子どもに何をすべきか、しなければならないかをいう）
「嫌だからってやらないというわけにいかないでしょ。努力すべきでしょ」

4. 提案（子どもに、問題解決の助言・提案を与える。親が解決策を出してやる）
「わからないなら、先生に聞いてみたら？」

5. 講義（情報・論理・親自身の意見などを説明する）
「勉強ができることは幸せなことよ。世の中には勉強したくてもできない子がたくさんいるのよ」

6. 批判・非難（子どもに対し否定的な判断・評価を下す）
「弱音吐いてばっかり！」「怠け者ね」「本当に困ったものだわ」

7. 同意（子どもの意見に同調したり、肯定的評価をする）
「そりゃそうだよね。勉強は嫌だよね。私もそう思うわ」

8. はずかしめる（悪口をいう・バカにする）
「ちゃんと勉強してる人がいうならわかるけどね～」「弱虫のいうことね」

9. 分析（子どもの言動の原因を分析する）
「授業をちゃんと聞いてないからわからなくてそれで勉強が嫌いなんじゃないの？」

10. 激励・同情（なぐさめて、いまの気持ちを変えさせようとする）
「明日になれば、また気分も変わるんじゃない？」

11. 質問・尋問（親が判断するために、情報を子どもから得ようと探りを入れる）
「いつから？　何の教科が嫌なの？　先生に何かいわれたの？」

12. ごまかす（注意をほかへそらそうとする。冗談でまぎらわせる）
「まあいいじゃない。楽しいこと考えたら？」「とりあえず、ごはん食べちゃいなさい」

「これらをいわずに何を話せばいいの？」と思われますよね？　私もコンサルタントという職業柄すぐに「〇〇したら？」と提案しがちでした。でも反抗期は「ママは何もわかってない！」「そんなことできるわけないでしょ！」とことごとくその提案に反発してきます。ということで次のページは能動的な聞き方の例です。

「能動的な聞き方」とは自分の意見をさし挟まず、「あなたは、こういうことを思っているのね」「あなたはこう感じているのね」と、相手が本当にいいたいことを確認していくような聞き方です。具体的には、相手のいったことを

・くり返す・気持ちを汲む・いい換える / 要約する

ということをします。

能動的な聞き方で子どもの話を聞いてみると……。

子「もう習い事大変だなー。やめたいなー」
親「そうなの。大変なんだね。やめたいんだ」（くり返す）
子「でも、やめたら友だちと会えなくなっちゃうし……」
親「やめて友だちと会えなくなるのは嫌なんだね」（気持ちを汲む）
子「勉強と両方やるのはキツイなぁ。でもここまでやったから次の大会はみんなと出たいなぁ。でも勉強時間が足りないし……」（いろいろな思いの間を行ったり来たりする）
親「勉強との両立が大変だからやめたいと思ってるけど、ここまで頑張ってきたし友だちと離れたくないから迷ってるのかな?」（要約する）
子「うん、そう」（子どもが問題に自分で気づくまで聞く）
＜悩みの質が何だかわからないモヤモヤした状態から、具体的に解決することに変わるまで話を聞きます。そのうえで解決方法を考える問いかけをします＞
親「じゃあ、やめなくても勉強時間を確保するにはどうしたらいいのかな?」
「やめても友だちと会うために何かできないかな?」
「大会まで続けるためには何をしたらできるかな?」

（続く）

反抗期は自己肯定感と劣等感のせめぎ合いなので、提案・説得されると自己肯定感を否定されたと感じて反発し、劣等感を払拭するために強い態度を取りがちです。「自分で決められた」「自分で解決できた」という本当の自信をつけさせるためには「自分の気持ちをわかってくれた」という安心感が必要です。

家族として、バトルに持ち込むことなく、お互いの気持ちを理解し、物事を解決できるようになることは、受験に限らず家族のあり方としてとても大切なことだと思います。

056

アンガーマネジメントを学ぶ

カッとなったときの怒りをトーンダウンさせる方法

□怒りがわき上がる最初の6秒をコントロールする

子どもの一言についカッとなって怒鳴ってしまったり、ひどい言葉を投げつけてしまったり。テキストを捨ててしまう、投げるというケースもよく聞きます。**怒りはとても強い感情であり、怒りに翻弄されてしまうと後悔するような言動をしてしまいます。**「アンガーマネジメント」とは怒りのコントロールのやり方です。子ども相手だけではなく、仕事でも使えますので、ぜひ自分なりに怒りをコントロールする参考にしてください。

まず怒りは最初の6秒がピークといわれています。それをやり過ごすことで衝動にまかせた言動を防ぐことができます。では、いくつかやり方を紹介します。

①ストップシンキング　数をカウントする

心の中でゆっくりと「1、2、3、……」と数えることで怒りの感情から離れます。

②マジックワードを唱える

自分の気持ちが落ち着く言葉を心の中で唱えます。私がよく使うのは、「きっと何か理由があるに違いない」「宇宙から見たら些細なことだ」「それはちょうどよい」です。

③怒っている自分が滑稽に思えることをする、ユニークな語尾で返す

たとえば「どうしてそんなことしたの⁉」とついキツイ言葉になりそうなときに、「どうしてそんなことしたのかニャ～?」と語尾を変えてみるとつい笑ってしまい、緊張が解け心に余裕が戻ってきます。子どもも思わずつられて反抗的な口調がなくなります。

④タイムアウト　その場からいったん消える

①～③をやっても怒りが収まりそうにない場合は、「ちょっとトイレ行ってくるね」「お水飲んでくる」などその場から離れます。私は疲れているときはよく姿を消しました。

どれかを試してみて自分の怒りがスーッとなくなるやり方を見つけておきましょう。

やってみよう!

カッとなったらやることを決めておきましょう。

057

ストレスをためない環境作り

親自身が機嫌よくいられるためにできること

□怒りにつながるストレスの元をへらす方法

アンガーマネジメントのテクニックを使っても怒りそのものがなくなるわけではありません。とくに、ストレスがたまっていると、ふだんならやりすごせることでも、すぐに怒りの導火線に着火してしまいます。受験期間中はただでさえストレスがたまるので、**受験以外のところではストレスをへらす工夫をあらかじめしておくとよい**と思います。私がやっていたストレスをためない工夫を紹介します。

①疲れをためない

人間、疲れているときはどんなに寛大な人でも怒りっぽくなります。私は疲れると何も考えられなくなるので、マッサージや鍼灸の予定を定期的に入れておきました。

スタートアップ
準備
実践！PDCA
親子関係
情報活用術
科目別勉強法
直前期・当日の過ごし方
アフター中受

②仕事をへらす

入試直前期の1～2月はかなり前から取引先などと調整して仕事を入れないようにしていました。本当は6年生の夏くらいから仕事のペースを落としたかったのですが、なかなかお断りできない仕事も多く、結果として入試の2カ月前くらいでペースダウンしました。

③ストレスを感じる人間関係をへらす

次の章で詳述します、つき合うべき人とそうでない人を分けて、ストレスの少ない人間関係を心がけました。

④面倒なことは思い切ってやめる

自分が面倒を感じることは思い切って受験期間中はやらないと割り切りましょう。私は掃除は外注にし、SNS、年賀状をやめました。

「そんなに自分を甘やかしていいのかしら?」と思うかもしれませんが、**子どもとの不要な衝突を避けるために必要だと考えて、自分が機嫌よくいられる環境作りをしましょう。**

やってみよう!

ストレスを感じることを洗い出して少なくする対策を立ててみましょう。

058

家事の合理化で自分メンテ

時間と体力のためのツールを使いこなす

□家事のアウトソースは躊躇しない

私の場合、家事は好きなものと面倒に感じるものがあります。余裕があれば面倒なことも自分でやるべきかもしれませんが、そのせいで自分が疲れたり、イライラしたりするようであれば、**受験期間中だけと割り切って、やらないという選択や簡単にする工夫などを考えたほうが合理的**です。私が実際にやったものをいくつか紹介します。

①家事代行サービス

ふだん行き届かないお風呂やキッチンの大掃除のほか、ときには料理の代行を取り入れても助かります。安価なサービスもふえているので利用してみるとよいでしょう。

②ミールキット

料理は好きですが、献立や買い物の算段を考えることはとても頭を使う家事なので、仕事で頭が疲れているときはかなりの負担です。料理の材料が揃っているミールキットはそれを省いてくれます。「Oisix」や「Tasty Table（有名レストランのレシピ・材料が届く）」など各種利用しました。

③お弁当サービス

注文しておくと塾にお弁当を届けてくれるサービスです。夕食は家で家族揃って食べたいと考えていましたが、塾で先生に質問していて帰宅が遅くなることもあり、健康のことも考えてお願いすることにしました。

④家電に頼る

家電の進化はすばらしく、かなりの時短になるものも。「ホットクック」を活用すると、食事の支度が格段にラクになります。家電への投資もぜひ考えたいところです。

やってみよう！

家事を上手にアウトソースし、心身の健康を維持しましょう。

059

家族時間を生み出す仕事術

4つのCで仕事を上手にコントロールする

□受験の1〜2年前から着手したい「仕事の断捨離」

働く親にとって、中学受験をサポートする際、仕事量は重くのしかかってきます。私は生産性向上のコンサルティングもしており、その手法を活用すると家族との時間を作るうえでとても有効です。最初に、自分がやっている業務を書き出してみてください。そのうえで、4つのCに分けていきます。4つのCとは、Cut（やめる）、Convert（移管する）、Combine（統合する）、Create（新しいやり方に変える）です。まず、仕事の目的から必要かどうかを考えて不要な業務はCutします。次に、**自分がやるべきかどうかを考え、自分でなくてもよい業務は移管先を探します。**複数の人がやっている同じ業務や自分が何度もやっているものは、1回にまとめられるかどうかを検討して統合します。どうしてもやらなくてはいけない業務については、もっとよいやり方がないかどうかを考えてよりよいやり方に変えます。

4～5年生の比較的余裕があるときに、これをやっておくことで、サポートが佳境を迎える6年生への備えになります。受験はいままでのやり方を変えるチャンスでもあります。

□「過剰品質」をやめてスリム化する

コロナ禍以前では、日本全体で長時間労働が問題になっていました。私は外資系企業に勤めていましたが、日本人はそこまで必要のない高いレベルまで仕事をしがちだと指摘されました。たとえば、社内資料にあれこれと装飾を施してみたりするのは過剰品質です。また、わかり切ったチェックを何度もすることなどもあげられます。やらなければならない仕事なら、どのレベルまでやるかを考えましょう。同じ業務でもかなりの時間をへらせる余地があります。受験をきっかけに母親も父親も自分の仕事を見直してみましょう。

やってみよう！

仕事の断捨離をして過剰品質から抜け出しましょう。

060

不測の事態にはあえて神対応で

自分ではどうにもならないことは「これは好機だ！」と考えよう

□どんなときもポジティブになった者勝ち

２０２０年、新型コロナウィルス感染拡大により世界は突然様変わりしました。自分ではなす術もない状況ですが、考え方を少し変えることでやるべきことに集中しやすくなります。

ドイツのシュタインマイヤー大統領は国民向けのスピーチで「新型コロナウイルスの感染拡大は戦争ではない。国と国、兵と兵が相対しているのではなく、私たちの人間性が試されている。最高の姿を示そう」と述べています。確かにコロナ禍は、自分勝手な振る舞いをせず、他人を思いやり、自分がすべきことに誠実であることが求められるわけですから、戦争というよりも人間性のテストといったほうがしっくりくるかもしれません。この人間性のテストに合格するために、古典から学ぶことで得られることが多いでしょう。全世界でいま再び多くの人に読まれている、カミュの『ペスト』は読むのがとても骨の折れる本ではありますが、コロナ時代のあり方について多くの示唆が得られます。「長期にわたり気を緩めず、疲れている状況においてもだれかを責めず、誠実にいまできることをする」それ以外にないのだと腹をくくれます。

また、よくない状況を「これはちょうどいい」と見方を変える、好転思考も役立ちます。「災いを転じて福となす」という諺は、単に災いが過ぎ去ったらよい結果になっていたという受動的な意味ではなく、自分の身に振りかかった災難をうまく利用してよりよい状態になるよう工夫するという能動的な意味です。災いを福とするには、まずは状況に対して肯定的な見方をします。現状を「最悪だ」と否定的に捉えるのではなく、まさに「これはわが子にとってちょうどいい！」と思い切って肯定してみることで「いい機会だから自分で計画を立ててみよう」「勉強しやすい環境を整えよう」などやるべきことが見えてきます。

やってみよう！

変えられないことに対して、わが子にとって好都合であることを探してみましょう。

第5章

受験情報100％活用術

061

いい人間関係、悪い人間関係

受験を取り巻く関係者（サポーター）とのつき合い方を決める

□「利害関係者管理」リストでチェック

中学受験においてママ友とのトラブルについてはよく耳にします。高校・大学受験とくらべて親の関与が大きい中学受験は、関係する人たちとのコミュニケーションを親が行うことが多いため、ママ友に限らず塾や学校の先生などの関係者とどうコミュニケーションをとっていくかは、あらかじめ考えておいたほうがよい関係を保てます。また、一度こじれると修復は難しく、ストレスの原因にもなるので注意が必要です。

そこで、コンサルタントとしてプロジェクトに着手する際に行う「利害関係者管理」という手法を紹介します。

これは、プロジェクトに関わる人を書き出して、各人の影響力と姿勢（積極的・消極的・

受験の「利害関係者管理」リスト

利害関係者	影響力	姿勢	現時点の状態	望ましい状態	コミュニケーション方針
父親	大	消極的	仕事が忙しく、積極的にサポートをしてくれない	送り迎えや勉強へのサポートをしてほしい	学校説明会に一緒に参加してもらい、興味をもってもらう
塾：算数のA先生	大	中立	まだ娘について特別な思い入れは持っていない	質問対応や苦手分野克服の指導を積極的に行ってほしい	お迎え時と保護者会後に毎回話をして状況を理解してもらい、積極的に指導をしてもらえるようにする
塾：国語のB先生	大	積極的	娘は国語が得意なのでよい評価をしてくれている	現状維持	国語の成績がよいのは先生のおかげと感謝の気持ちを伝える
学校：担任C先生	大	中立	娘のオーバーワークを心配している。学校生活が疎かになることを懸念	過度な受験勉強をさせていないことを理解し安心してもらう	学校行事に積極的に協力する
ママ友：Dさん	小	中立	成績や志望校について探りを入れてくる	過度な興味や敵対心を抱かない状態	距離をおく
ママ友：Eさん	小	消極的	「なんで受験するの?」としつこく聞いてくる	同上	距離をおく
先輩ママ友：Fさん	中	中立	受験を応援してくれている	経験者としてアドバイスをもらいたい	受験の話を聞く機会を作る

中立など）で分析し、コミュニケーションをどうとるかを計画するものです（↓上図）。

父親など家族、塾の苦手科目・得意科目の先生、学校の担任の先生、ママ友、先輩ママ友など、中学受験プロジェクトに関わる、いわば子どものサポーターともなる人をリストアップして分析してみてください。

次項からは私がそれぞれの関係者とどのような考えで接したかを紹介します。

やってみよう！

利害関係者を書き出し、つき合い方をシミュレーションしてみましょう。

062

夫婦間の温度差はあって当たり前

夫婦の熱量をできるだけ近づけるのが得策

□両親のスタンスをできるだけ近づける

中学受験といえば以前は断然、教育ママ主導のイメージがありましたが、最近では学校説明会や塾の保護者会などにも父親の姿が少なくなく、平日昼間の時間帯なので仕事を調整して参加していると思われる熱心さです。父親主導の中学受験も共働きでの中学受験も、今後は珍しくなくなると思われますが、とはいえたいていどちらかの熱量が高いことが多く、温度差がある状態からはじまります。受験成功のためにはその温度差をどれくらい近づける必要があるのかをパターン別に考えてコミュニケーションする必要があります。

パターン①：消極的（もしくは反対）から中立的スタンスへ

夫（もしくは妻）が私立受験に反対しているパターンです。中学受験本を読んでもらう、学校説明会や文化祭などに子どもと一緒に参加してもらうなど接する機会をふやすことで「受験も悪くないな」というスタンスまでは持ち込みたいところです。

パターン②：中立から積極的スタンスへ

とくに反対はしないけれどサポートはまったくしないというパターンです。自分一人でサポートしきれるのであればよいですが、送迎、入試本番などの直接サポートが必要なときや、自分自身の不安や悩みを共有するなどメンタルサポートが必要なこともあります。分担を徐々にふやすことで積極的スタンスへと持ち込みましょう。

パターン③：行きすぎた積極的スタンスから見守りスタンスへ

エリート意識、下剋上意識（親が成し遂げられなかったことを子どもに託す）など理由はさまざまですが、教育虐待に近いところまでやりすぎてしまうパターン。受験生の親向けのカウンセリングやコーチングサービスを利用して、少し引いたスタンスへ誘導しましょう。

やってみよう！

受験に対する夫婦間のスタンスを確認し、近づけていきましょう。

063

ママ友との上手なつき合い方

お互いにラクでちょうどいいのは「付かず離れず」

□距離を保ちつつ、マウンティングに備える

いろいろと詮索したり、中学受験を否定的にいったりする相手とは一定の距離をとったほうがトラブルもストレスも回避できます。無視するわけではなく付かず離れずのスタンスをキープしましょう。おしゃべりで不安を解消したり、情報を得たりしたい気持ちもわかりますが、かえってあせったり、不安が増幅したりすることも。**情報についてもたいていの親は試行錯誤中なので有益な情報が得られることは少ない**でしょう。

また、お互いにピリピリしていますから、距離を保っていてもふとしたタイミングでマウンティング発言をされることも。明らかなマウンティング発言の場合もあれば、悪気のない相手の言葉をマウンティングされたと受け止めてしまうこともあります。

急にいわれて動揺しないために、私の周囲の方々が経験したマウンティング発言を集めましたので、そのときにひるまないように心づもりしておきましょう。

「うちは偏差値〇〇くらいしかないから心配だわ（結構高い偏差値です）」「塾から最難関校を受けてくれって何度もいわれてるの」「その学校聞いたことない」「そんな偏差値の低い学校、受ける意味あるの？」「うちは親戚一同みんな御三家だからね」「大学受験で頑張ってこっち側にこられるといいわね。待ってるわ（第一志望校に落ちた人に対して）」「〇〇中学は滑り止めよね」「せめて〇〇中学くらい受からないとね（〇〇中学第一志望の人に対して）」「中学受験終わっても、また大学受験？　大変ね～（大学付属小学校の子どもの親から）」「そんなに勉強させたらかわいそう（中学受験をしない親から）」

対策として、PTA役員などは低学年時にすませておき、受験期間でのつき合いをへらすほか、成績や志望校については「子どもから内緒にしてっていわれてるの」「まだ決まってないの」とかわしましょう。

やってみよう！

PTA役員や行事の係などは6年生になる前にすませておきましょう。

064

先輩ママ友は最強のサポーター

喜びも苦しみも知っている経験者とつき合おう

□かぶらない相手とならノンストレス！

ママ友とは距離をおくべしと前項で書きましたが、つき合ってもよいママ友もいます。それは子どもの状況が違う場合です。たとえば、小学校が違う、住んでいるエリアが違う、子どもの性別が違う、違う塾に通っているなど、子どもの状況が異なると志望校がかぶらず、同じ塾に通っていないと成績なども比較しにくいからです。マウンティングやトラブルは比較しやすい関係にあると起こりやすいので、くらべる要素が少なく不安や悩みを理解し合える人を選ぶとよいと思います。私は仕事関係で中学受験をする娘さんがいる方や、学校と塾が違う男の子のママとはよく情報交換しました。志望校の話題になっても「女子校（男子校）はよくわからないけどお互い頑張ろう！」と励みにもなりました。

□受験を終えた先輩ママ友・パパ友は強い味方

さらに積極的につき合ったほうがよいのは、すでに中学受験を終えた先輩ママ友・パパ友です。得られることがたくさんあるため、いろいろと教えてもらったり、不安なときに相談できる関係を築いておくとよいでしょう。**中学受験経験者は熱い思いやノウハウを持つ方が多いため、懇切丁寧に教えてくれますし、苦しいときも経験しているので励ましてくれます。**私の仕事仲間の男性陣は積極的に受験に関わった人も多く、本当に親身になって教えてくれました。スケジュールシートもいただいたのですが、さすがコンサルタント！という緻密なものでした。とくに、志望校に通っているお子さんがいる先輩ママ友・パパ友はリアルな学校情報も教えてくれますから強い味方になってくれます。家族で会う機会を作って子ども同士で学校のことや勉強のやり方などを教えてもらうなどすると、子ども自身も具体的にイメージがつかめるでしょう。

やってみよう！

中学受験を終えた先輩ママ友・パパ友をお茶やランチに誘ってみましょう。

065

塾の先生とのつき合い方

子どもの最大の理解者になってもらうために

□先生を味方にすれば成績が伸びる

関係者の中でも塾の先生はとても重要です。質問対応や指導など先生に目をかけてもらえば、子どもの学びに直接よい影響が出てきます。私は学生時代に塾講師をしており、現在は企業研修講師をしていますが、やはり熱心な生徒や受講生には自然と指導の時間を割くことが多くなります。また絶対にやってはいけないのが先生の悪口を子どもの前でいうことです。親が尊敬していないと子どもも先生を軽んじてしまうリスクがあります。

□親が積極的に前に出る

接触回数が多いほど好感を持つようになる心理現象をザイオンス効果（単純接触効果）

といいます。**塾の送り迎えのときや保護者会の後などにタイミングを見て必ず声をかけるようにしてみてください。**以下は会話の実例です。

「最近、うちの子、どうでしょう?」

「先生のおかげで○○ができるようになったとすごく喜んでました」

「○○の単元に苦戦してるみたいなのですが、どうしたらよいでしょう?」

「先生から教えてもらったことを家でよく話してるんですよ」

「娘は先生の授業、いつも楽しみにしています」

「○○がよく理解できていないので今度質問に行かせてもよいですか?」

「前回の模試で失敗して、本人だいぶ落ち込んでます」

「私のほうがストレスがたまってきてイライラしちゃいます」

私が率先して声かけを続けているうちに、先生のほうから「お母さん、最近家では娘さんどんなふうに勉強してますか?」など声をかけてくださるようになりました。

やってみよう!

塾の先生と積極的にコミュニケーションをとりましょう。

066

担任の先生とのつき合い方

日頃からよい関係を築いておくには

□学校生活や行事をおろそかにしない

小学校の担任の先生の中学受験に対する立場はさまざまです。受験する子どもが多い地域と少ない地域でも違いますし、先生個々人の考え方も違います。中学受験に対して快く思っていない先生も多いという話はよく聞きます。**味方になって応援してくれるのが一番ではありますが、それが望めない場合でも敵対してしまうことは避けるべき**です。そのためにも学校の行事にはきちんと参加し、低学年や6年生の早目の時期までに当番や係の仕事を引き受けておくのも一つの手です。

□担任の先生にお願いするのはこんなこと

中学受験において学校の先生にお願いすることとしては、受験する学校に提出する調査書を書いていただくことです。調査書の内容は「成績」「生活態度」「出欠状況」「特技」「表彰歴」など、子どもの小学校での様子をまとめたものです。最近は提出を求めない学校もふえてきていますが、場合によっては複数校分お願いすることもあります。これらは教員の業務外の仕事であり、サービス残業のような形でご対応いただくようです。

それを考えるときちんと礼を尽くしてお願いする必要があります。**6年生の最初の面談などで中学受験をするつもりであることと、調査書を依頼するつもりであることを伝えておく**とよいでしょう。

また、受験直前期に学校を休むという決断をする際にも、はっきりと受験が理由だと伝える必要があります。当然いい顔はされませんが、子どもの体調や感染症のリスク、勉強の仕上がり具合も含めてそう決めたのであれば、調査書をお願いするときにでも休ませることをきちんと伝えておきましょう。

やってみよう！

担任の先生との信頼関係を築いておきましょう。

067

情報とのつき合い方［インターネット］

必要な情報を上手に活用する方法

□玉石混淆の情報に惑わされない

当然ですが、インターネット上の中学受験に関する情報は膨大かつ玉石混淆です。私が見たものや見る際に気をつけたほうがよいことなどをあげてみます。

・**ブログ**

本当にたくさんありますが、目指している志望校に合格した終了組の方のブログがやはり参考になります。**勉強のやり方や、模試の成績、参考書、入試当日の様子などこと細かに綴っているブログ**で私もかなり情報収集しました。ブロガーの方にダイレクトメッセージを送ってさらにくわしい情報を教えていただいたこともあります。ただし、お子さんの成績が下降気味のときは更新頻度がへることが多いことを知っておきましょう。

・掲示板

「インターエデュ」は規模が大きい口コミサイトです。学校別掲示板では学校について知りたいことなどを質問すると在校生の保護者から回答をもらえたりもします。匿名なのでなりすまし書き込みも多く、荒れたりもしますが、それを真に受けずに読み飛ばせばリアルタイムで欲しい情報が得られます。

・SNS

おすすめはインスタグラムです。見栄えのよい写真ばかりでなく、最近ではかなりの長文で情報発信している方も多く、「#中学受験2020年組」「#SAPIX」など#（ハッシュタグ）で検索することでつながることができます。私は同じ志望校対策講座に通っている方を数人見つけてフォローしていました。

身近な人には受験のことはなかなか話しにくいので、ネットで同志だと思う人が見つかるととても励まされました。ただし、くれぐれも振り回されないよう注意してください。

やってみよう！

参考になりそうなブログ、掲示板、SNSなどを見つけてフォローしてみましょう。

068

情報とのつき合い方［セミナー・イベント］

専門家によるピンポイントのセミナーで不安を解消

□他塾の入試報告会にも参加する

中学受験生の親を対象にしたセミナーやイベントは、通っている塾はもちろん、他塾の会にも積極的に参加しましょう。とくに、大手塾や個別指導塾の入試報告会はなるべく参加したほうがいいでしょう。**入試報告会は、入試が終わった2月後半に、その年の入試の状況や振り返り、出題傾向などを説明する会**です。その塾の特色やどういった学校に強いのかもわかるので、低学年のうちに参加するのもおすすめです。

他塾の「最難関○○校対策講座」なる親向けセミナーに参加したところ、6年生前半では「こうすればどこでも受かる！」というモードだったのが、後半になると「夏の時点で、過去問で合格者平均点を余裕で取れないなら無理です」と諦めさせるようなモードになっていき、現実を突きつけるようなそのギャップが興味深かったです。

□メンタルサポートのセミナーは不安解消に役立つ

塾主催以外のものでは、教育ジャーナリストの講演や、メンタルコーチングのセミナーなどがあります。私は、本書のご推薦をいただいた石田勝紀先生と安浪京子先生の合同セミナーに参加しました。お二人とも豊富な指導経験に裏打ちされた子どもの気持ちに立ったたくさんのアドバイスをしてくださいました。娘は子ども手帳の本を読んだり、京子先生の動画授業を視聴していたのでサインをもらってきたところ、とても励みになったようで、お守りのように大切にしていました。私は娘が４年生のときに参加したのですが、４～５年生の親と６年生の親とでは切実感が違う一方、共通する悩みがあるなど、励まされることも多かったです。**ママ友とのつき合いに距離をおく分、こういったセミナーで不安が解消できる**とよいでしょう。

やってみよう！

さまざまな受験セミナーやイベントに可能なかぎり参加してみましょう。

069

情報とのつき合い方【中学受験本】

コミックから親の声がけ、勉強法など、全容がわかる体験談まで!

□あらゆる角度から情報収集ができる

過熱する中学受験に合わせてたくさんの書籍が出版されています。私が読んで参考になった本をカテゴリー別に紹介します。

中学受験の全体像をつかむうえでは、中学受験のリアルが描かれたものから、親の声がけの参考になるもの、低学年時の学習習慣のつけ方、男女別の心理がわかるものなど親子関係や家庭学習の参考になるものがおすすめです。

難関校に合格した子どもの実物のノートや塾の先生によるものなど、具体的な勉強法が書かれた本のほか、親のサポートや体験談など、著者のバックグラウンドで読みくらべてみると興味深く読めます。

■中学受験を知る

・『中学受験「必笑法」』おおたとしまさ　(中公新書ラクレ)
・『二月の勝者 ─絶対合格の教室─』高瀬志帆（ビッグコミックス）

■子どもへの接し方を知る

・『中学受験で超絶伸びる！ 受かる家庭の習慣』たなかみなこ（すばる舎）
・『勉強しない子には「1 冊の手帳」を与えよう！』
石田勝紀（ディスカヴァー・トゥエンティワン）
・『中学受験 女の子を伸ばす親の習慣』『中学受験 男の子を伸ばす親の習慣』安浪京子（青春出版社）

■勉強のやり方を知る

・『中学受験に合格した先輩たちはみんなノートと友だちだった』太田あや（朝日学生新聞社）
・『中学受験 小6になってグンと伸びる子、ガクンと落ちる子 6年生で必ず成績の上がる学び方 7つのルール』　akira（ダイヤモンド・ビッグ社）
・『「やる気」を科学的に分析してわかった小学生の子が勉強にハマる方法』
菊池洋匡（実務教育出版）

■サポートの仕方を知る

・『「灘→東大理 III」3 兄弟の母が教える中学受験勉強法』佐藤亮子（KADOKAWA）
・『たった 5 分の「前準備」で子どもの学力はぐんぐん伸びる！』州崎真弘（青春出版社）

■体験談から親の心境を知る

・『中学受験 BIBLE』荘司雅彦（講談社）
・『下剋上受験 両親は中卒 それでも娘は最難関中学を目指した！』桜井信一（産経新聞出版）
・「偏差値 30 からの中学受験合格記─泣いて、落ち込んで、最後に笑った母と子の 500 日」鳥居りんこ（学研プラス）

これらは書かれていることをそのままなぞったり、すべてやったりするのではなく、取り入れられるところは採用し、工夫が必要なところはアレンジするなど、できるものをチョイスしながらご家庭ごとのオリジナルの方法を見つけていきましょう。

やってみよう！

各カテゴリーから興味のあるものを手にとってみてください。

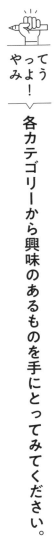

第6章

覚えたことを忘れない！科目別勉強法

070

なぜ暗記が苦手なのか

一度覚えたことを忘れない「統合的リハーサル」とは

□記憶には「短期記憶」と「長期記憶」がある

受験勉強において、学習内容をいかに記憶するかはとても重要です。近年、思考力が試される問題が増えてきていますが、しっかりした知識を活用しての思考力なので、**まずは膨大な範囲の内容をきちんと整理して記憶に定着化することがベース**となります。

私は社会人の学び方についての本を書いていますが、基本は同じですので、学習に関わる理論とテクニックをいくつか紹介したいと思います。

まずは記憶についてです。一口に記憶といいますが、実は「短期記憶」「長期記憶」の2種類があります。短期記憶はコンピューターのバッファ領域のようなもので、入ってきた情報を一時的に蓄えておくための記憶領域です。長期記憶は情報を長く保存できるハードディスクのような記憶領域だと考えてください。

記憶するべき項目をくり返すことを「リハーサル」といい、短期記憶では、たったいま知ったことを忘れないように単純にくり返す「維持リハーサル」をしますが、それだけではなかなか長期記憶になりません。

長期記憶に残すためには、新しい情報と、すでに保有している知識とを関連づけて覚える「統合的リハーサル」が必要です。単純に年号を呟いたり、漢字をやみくもに何度も書いたりするだけでは、なかなか覚えられないのは、いままでの知識との関連づけができていないからです。

中学受験の難しさは、経験が浅く、もともとの知識の土台が少ない子どもが大量の新情報を長期記憶に残さなくてはいけないところです。大学受験や大人よりもある意味大変なことです。実際、子どもは覚えたことをすぐに忘れますが、これはもともとの知識の土台が少ないためだと思ってあげてください。

やってみよう！

短期記憶から長期記憶へのメカニズムを子どもに説明してみましょう。

持っている知識と関連づけながらくり返すと定着する

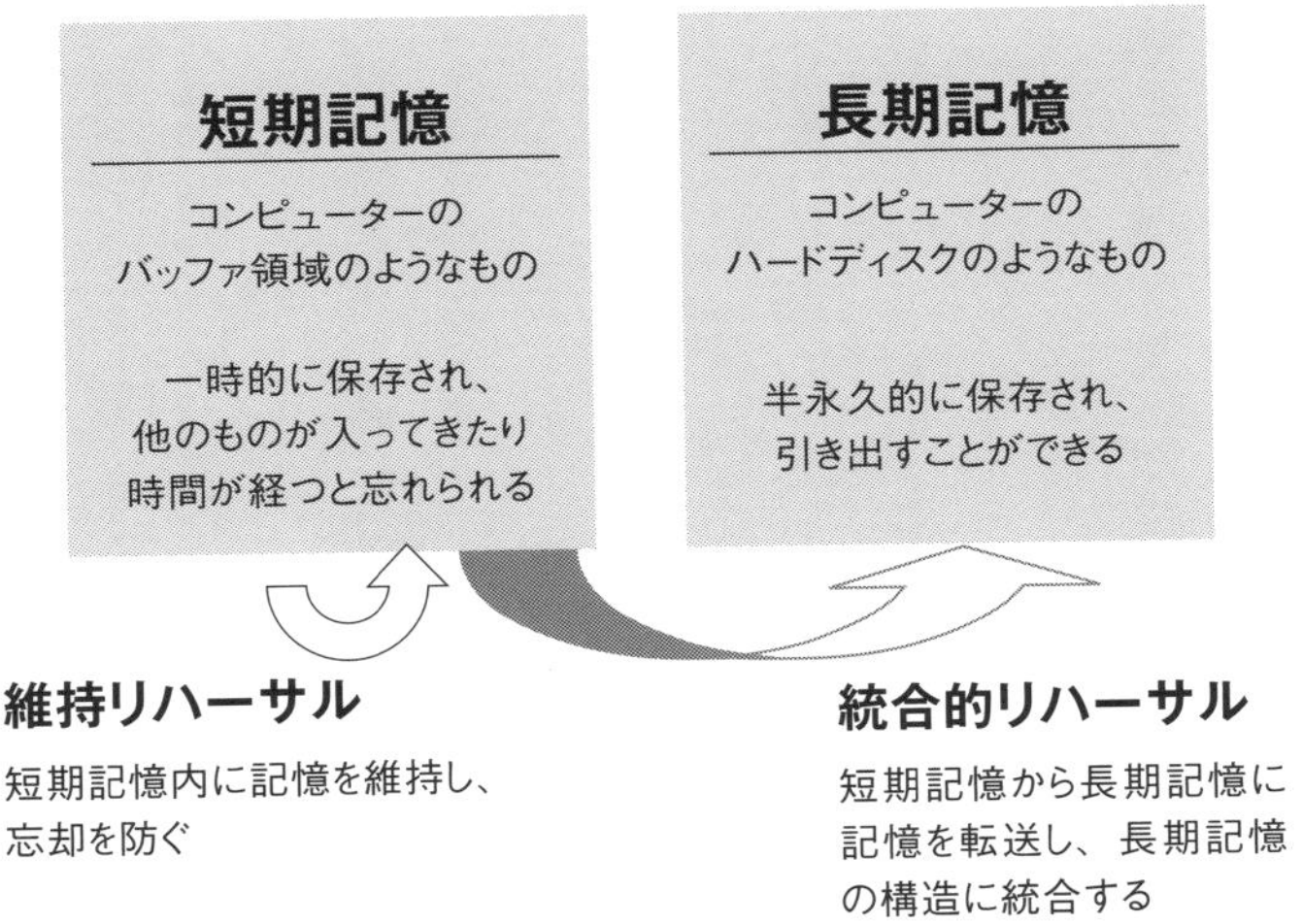
短期記憶
コンピューターのバッファ領域のようなもの
一時的に保存され、他のものが入ってきたり時間が経つと忘れられる
長期記憶
コンピューターのハードディスクのようなもの
半永久的に保存され、引き出すことができる
維持リハーサル
短期記憶内に記憶を維持し、忘却を防ぐ
統合的リハーサル
短期記憶から長期記憶に記憶を転送し、長期記憶の構造に統合する

リハーサル：記憶するべき項目をくり返すこと

記憶を定着させるためには、すでに保有している知識と関連づけること。まだ経験の浅い小学生は、もともとの知識の土台が少ないため、覚えたことを忘れやすい。

071

暗記は3つずつの塊でくり返す

マジカルナンバーを活用して脳に刻む

□一度に覚えられる塊は3～5つ！

最終的には長期記憶に残しますが、その前にまずは短期記憶にとどめる必要があります。短期記憶の容量は小さいため、たくさんの情報をそのまま蓄えておくことはできません。

ではどうするかというと小さい塊（チャンクといいます）に分割して覚えます。たとえば、いきなり以下のような10個を超える山地や山脈の名前を覚えようとしても難しいでしょう。

例：北見、石狩、日高、出羽、奥羽、北上、飛騨、木曽、赤石、紀伊、中国、讃岐

これを次ページのように地方別に3つずつに分けて覚えると覚えやすくなります。

短期記憶にとどめるための理論としてマジカルナンバーというものがあります。これは、アメリカの心理学者ジョージ・ミラーが発表した、「瞬間的に記憶できる短期記憶の限界

北海道	東北
北見、石狩、日高	出羽、奥羽、北上
中部	**近畿・中国・四国**
飛騨、木曽、赤石	紀伊、中国、讃岐

容量（数）」のことです。ミラーは短期記憶の容量の限界は〝7±2個のチャンク〟であると発表しましたが、その後2001年にネルソン・コーワンにより、マジカルナンバーは〝4±1個〟のチャンクであると発表され、現在では〝4±1個〟が定説になっています。つまり、**3〜5つごとの塊に分けて維持リハーサルをくり返せばよいのです。**この分ける作業は単に上から3つに分割するのではなく、意味のある分類に分けましょう。**分類することは情報の意味づけにもつながり、長期記憶にも残りやすくなります。**

何より3つはとても記憶しやすいチャンクです。「三大○○」というのはたくさんありますが、3という数字はまとまりや安定感を感じやすいからでしょう。3つずつに分類すること以外に、声がけとして「今日授業で習ったことで3つ面白かったことをいってみて」なども効果的です。

やってみよう！

3つずつ覚える方法を子どもに教えたり、3つリストアップさせたりする声がけをしてみましょう。

072

意味づけを習慣づけると忘れにくい

一度覚えたら忘れない7つのテクニック

□長期記憶に保存するための手法

短期記憶から長期記憶に保存するためには、知識の関連づけを行います。「ヒグビー理論」とは、アメリカの心理学者ケネス・ヒグビーが提唱した記憶に関する理論です。この7つのテクニックを活用することで長期記憶に保存しやすくなります。

①意味づけ

たとえば聖徳太子の政治を「冠位十二階、十七条の憲法、遣隋使」とやみくもに3つ覚えようとするのではなく、「土地や人々を支配し勢力争いをくり返していた豪族をまとめて国をひとつにするために○○をした」というふうに、「なぜそうしたのか？」という理由や意味と合わせて覚えます。「どうして聖徳太子はその3つをしたの？」など意味をた

情報は体系化して覚える（例：消化酵素）

	デンプン	タンパク質	脂肪
だ液	○		
胃液		○	
胆汁			△
すい液	○	○	○
腸液	△	△	
消化酵素	アミラーゼ	ペプシン	リパーゼ

ずねる声がけをすることで意味づけが習慣になります。

②組織化

短期記憶にとどめるためのマジカルナンバーで3つに分けることにも似ていますが、さらに一歩踏み込んで情報を体系化して覚えます。おすすめは表や図にまとめることです。**表や図にまとめることは情報を体系的に整理することになる**ので、その過程で長期記憶に残りやすくなります。

理科の消化酵素を覚える場合、「だ液はアミラーゼという消化酵素を含み、デンプンを消化する。胃液はペプシンという消化酵素を含み、タンパク質を消化する。胆汁は……」と覚えるのは大人でも苦痛だと思います。これを上の表のようにまとめることで、情報が組織化されて覚えられます。

③連想

いわゆる語呂合わせです。たとえば、G8の8カ国を覚える場合に「ロシア人（ロシア）の土井（ドイツ）さんは雨（アメリカ）が降ら（フランス）ない、、金曜日（イギリス）には二歩（日本）歩いた（イタリア）のかな（カナダ）？」と少々苦しいですが、語呂合わせで覚えます。語呂合わせは年号などすでにたくさんありますが、**自分で作るとより定着しやすくなります。**

④視覚化

文字情報だけでなく、**写真などのイメージ、とくに実物を見ることは強く記憶に残ります。**理科や地理などはできるだけ実物にふれる機会を作ります。そうはいってもなかなか旅行にもいけないので、たとえば「カルデラ湖」などのキーワードでイメージ検索をして出てきたものを見せたりしていました。歴史ドラマや科学系の番組などもよいでしょう。「ブラタモリ」や「ダーウィンが来た！」などはよく見ていました。

⑤注意

いきなり広範囲を覚えようとするよりも、「今日は○○時代だけ」など範囲を限定したり、重要だと思われるところすべて線を引くのではなく1ページで3箇所だけに絞ったりするなど対象に注意が向くようにします。また、**人に説明したり、質問したりするのも注意を向けるうえで効果的**です。説明しようとするとより注意深く読んだりまとめたりするようになります。授業の後に「今日習ったところを説明して」などと声がけするとよいでしょう。質問の仕方については別の項でお話しします。

⑥興味

だれでも興味があることは覚えやすいので、身近なものや好きなことと結びつけることで興味を持たせます。ちびまる子ちゃんやドラえもんの学習マンガなどもよいでしょう。

⑦フィードバック

復習や評価のことです。やはりテストの振り返りを必ず行うことが一番です。また親から「これはバッチリ覚えたね」など評価の声がけをすることでも定着しやすくなります。

やってみよう！

7つのテクニックを子どもに伝えて勉強の方法を一緒に考えてみましょう。

073 忘れたことをいかに早く思い出すか

寝る前の「さらっと読み」で忘れた記憶が定着しやすくなる

□いったん忘れた後の短時間の復習が有効

有名なエビングハウスの忘却曲線ですが、誤解されて広まっている印象を受けます。縦軸を「覚えている割合」とし、20分後には42%忘れ、1日後には66%忘れると捉えられることが多いのですが、これは誤りです。正しくは、**もう一度覚えるための労力をどれくらい節約できるのかという「節約率」を表している**のです。

実際に講義を受けてからの記憶の節約率の実験があります。私がおすすめしたいのはカナダのウォータールー大学の忘却曲線です（↓P．178）。この忘却曲線は、縦軸は保持されている記憶の量です。講義を受けた後から記憶はゆるやかに減衰していくという忘却の様子は誤解されているエビングハウスのものと共通しているともいえますが、この実験

正しいエビングハウスの忘却曲線

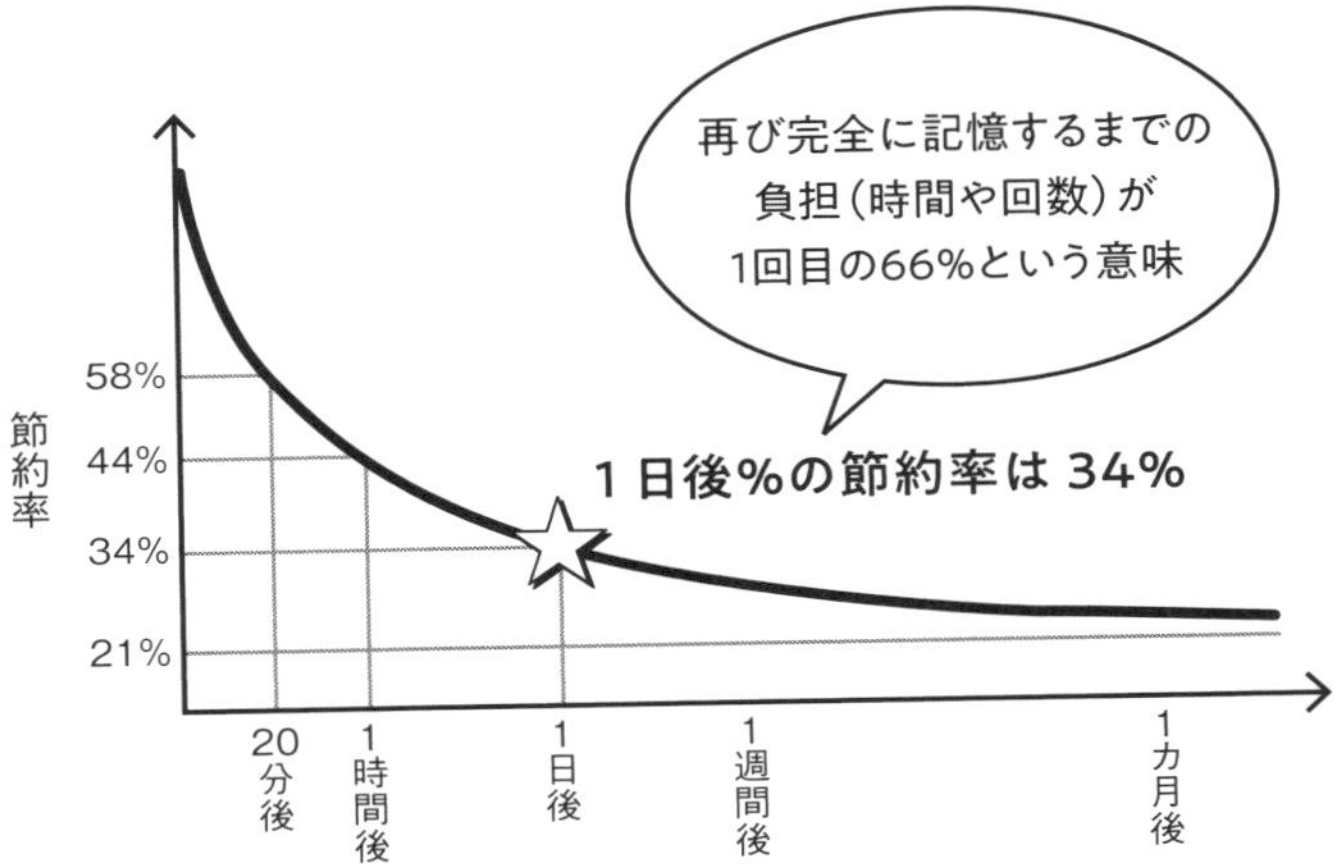

ウォータールー大学の忘却曲線

こまめな短時間の復習で記憶が定着しやすくなる

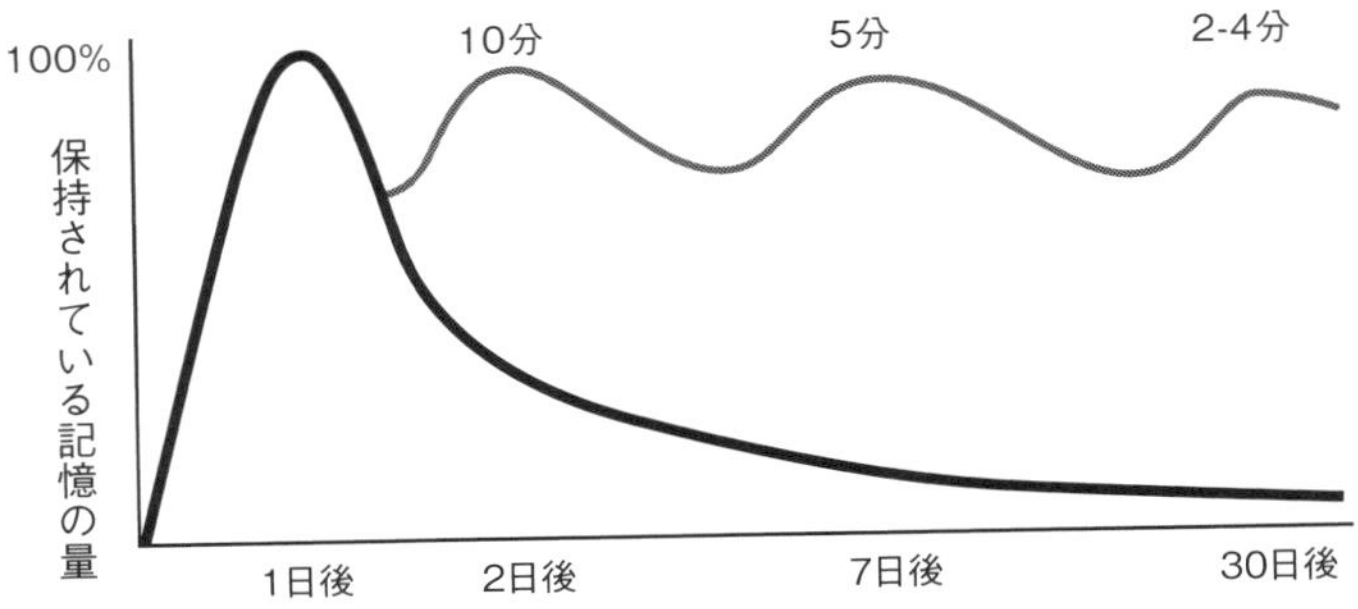

で注目すべきところは短時間の復習を導入していることです。

実験の1日目に1時間の講義が行われますが、翌日に10分間の短い復習を行った場合、講義直後にほぼ近い状態まで記憶を復元することができ、その後の衰退がおだやかになります。さらに、7日目に2日目よりもさらに短い、5分間だけの復習を実施します。

これによって記憶はまた100％に近く引き上げられその後の減衰もまたゆるやかです。30日目に再び2〜4分の短い復習が実施されます。復習時間はひじょうに短いですが、復習しなかったときのものと比較してみれば、記憶の保持率は段違いです。

私が娘にやらせていたのは、**授業のあった日の寝る前や、翌日、1週間後にノートやテキストをながめること**です。娘は「さらっと読む」＝「さら読み」といっていました。

しっかりと復習時間をとるのは難しいかもしれませんが、数分間ノートやテキストを見るだけであれば、子どもも負担なく記憶を保持できますからぜひ取り入れてみてください。

やってみよう！

寝る前の「さらっと読み」タイムを子どものスケジュールに取り入れましょう。

074

脳が喜ぶと忘れにくい

海馬を感情とアウトプットで刺激する

□勉強が楽しいと感じると、脳が反応する

脳の中でもとくに記憶に関係している部位に海馬があります。頭に入ってきた情報に対して、これは重要だから覚えておこうと判断するのがこの海馬で、記憶の門番のようなもの。つまり、海馬にこの情報は重要だと思わせれば、記憶に残るということです。海馬が重要だと判断する条件は何かというと「感情」です。感情が動くと、記憶が強化されます。

それは、情動を生み出す場所が海馬と隣り合わせになってくっついているからです。何かの感情を発すると海馬が刺激を受けて、記憶を強化してくれるのです。ただ単にテキストを見ているだけではなかなか感情は動きませんので、歴史の出来事などに「これどう思う?」と聞いて、「ママはこれありえないって思うよ。自分だったら◯◯する」などかな

り大胆な意見をいって娘を笑わせていました。気分転換に2人で考えた振り付けで踊ったりして暗記の時間が単調にならないよう工夫しました。

□アウトプットするとより強く記憶に残る

さらに、覚えたものを強化するには、人に説明させるのが効果的です。声に出してアウトプットするということです。**アウトプットすると「この情報は活用された」と判断され強く残ります。**仮にうまく説明できなかったとしても、「そういえばあのときうまく説明できなかったな」という感情が思い出すきっかけになります。とはいっても、いつも説明の相手を務めるのは難しいと思います。実は最近の研究で、説明する相手は人間でなくてもよいという結果が出ています。たとえば人形や人の写真などでもよいのです。中学生になった娘はいまもぬいぐるみを観客のように並べて説明しています。説明できたら「ブラボー！　わかりやすかった！」と大袈裟すぎるくらい讃えてあげるとドヤ顔です。

やってみよう！

勉強を楽しくする工夫をしてみましょう。子どもに説明してもらいましょう。

スタートアップ
準備
実践！PDCA
親子関係
情報活用術
科目別勉強法
直前期・当日の過ごし方
アフター中受

075

質問力をつけると成績が伸びる

質問すればするほど、頭がよくなる

□とにかく質問を習慣づける

塾の保護者会で「わからないことはどんどん質問に来させてください」といわれますが、小学生はまだ質問に不慣れだったり、先生に声をかけるのを恥ずかしがったりと、なかなか積極的に質問に行くのは難しいようです。この、「質問する力」をつけていくと、成績が格段に伸びていきます。

塾の先生の言葉をそのまま紹介しますと、「質問できるようになると成績は伸びます。ただその質問の仕方が3段階あります。はじめは〝親に質問しろといわれたから来ました〟と来たものの、本人も何を聞けばいいのかよくわからない段階、次は自分から来たものの〝この問題が全然わからないから説明してほしい〟という丸投げの段階、最後は自分でとことん考えてから〝ここまでやってみたけど、ここがわからないから教えてほしい／この後どうやるかヒントが欲しい〟という3段階です」とのこと。なるほど、確かに第3段階になれば実力もついてくるはずです。

はじめはなかなか質問しづらいと思いますが、質問は習慣化させることをおすすめします。娘は授業中に理解できなかったところや、宿題で解説を見てもよくわからない問題に先生のイニシャルを記入しておいて、授業が終わった後には先生より先に先生の席の隣に陣取り、テキストを開いて待ち構えていて、「もう固定席だね」といわれていたそうです。とはいえ最初はやはり行きにくかったようですので、先生には「今度質問に行かせますが、本人が遠慮しているようでしたら声をかけてください」とお願いしておきました。

6年生の夏期講習以降、何度か質問に行くうち、慣れてきたのか自然に質問する習慣がつきました。

気軽に質問できるようになってくれれば、しめたものです。

やってみよう！

先生に根回しをしておき、質問の仕方を子どもに教え、習慣にさせましょう。

スタートアップ
準備
実践！PDCA
親子関係
情報活用術
科目別勉強法
直前期・当日の過ごし方
アフター中受

076

幅広い読書で想像力を養う

国語の読解問題に出題されるのはこんな本

□どれだけ幅広く、年齢より背伸びした本を読んでいるか

国語の読解問題は年々長文化が進み、子どもでは読まないような本からも題材が選ばれて出題されているそうです。ある男子校では幕末の未亡人の気持ちを答えさせるという、結婚はもちろん恋愛すらまだ未経験の子どもに理解できるのかと思われる問題が出ていましたが、多くの学校で「相手の気持ちをいかに理解しようと努めるか」ということが問われている理由だそうです。多様性が増していく現況から大いにうなずけるところではありますが、まだ人生の経験の少ない子どもにはなかなか難しいことですね。経験させられることは限られるので幅広いジャンル、かつ少し背伸びした読書で想像体験を深めることがやはり必要でしょう。

□文庫全部読みにチャレンジ

娘は幼児期から本が大好きで時間を忘れて読むほうですが、書店や図書館で手に取る本は好きな領域の本に限定されがちでした。5年生になったときにある最難関の男子校に合格した先輩男子のママから本をゆずっていただいたのですが、その量と幅には圧倒されました。岩波少年文庫や青い鳥文庫がほぼ全冊揃っていて、「これを小学生が読むの?」という本もかなりあり、「なるほど、中学受験の国語はこれだけの幅広さと背伸びした内容が必要なのだな」と強く実感しました。

図書館で借りてもよいと思いますが、子どもに選ばせると好きなジャンルに偏りがちですので、**ふだん手に取らないようなジャンルのものも選んであげる**とよいと思います。また、受験が終わったばかりのご家庭は教材や本の整理を行うので、先輩ママ友・パパ友にいらなくなった本や参考書があったらゆずってほしいと伝えておくとよいでしょう。

やってみよう!

先輩ママ友・パパ友に受験終了後に本などをゆずってもらうようお願いしてみましょう。

077

親子の大人の会話で語彙力アップ

わからない言葉を類推しながら理解する習慣をつける

□子ども扱いせず大人の言葉で話す

長文読解問題に語彙力は必須です。中学受験に出てくるのは大人が読むような文章なので、ふだん子どもが使うような語彙ではなく、大人に近い語彙力が必要といえます。語彙力は読書体験を積むうちについてきますが、この場合の読書体験とは、既知の内容の文章や子ども向けのライトな文章を読む体験ではなく、前項でも書いたように未知の事柄に関する硬派な文章を読む体験です。年齢よりほんの少し背伸びした読書で未知の言葉との出会いをふやしてあげてほしいと思います。

語彙力をつけるには読書のほか、塾の語句テキストで伸ばすという地道なやり方をするとともに、日常会話で大人と会話をすることでも身につきやすくなります。わが家では子

どもに向けて簡単な言葉や話し方にせず、あえて大人が使う言葉を多用するようにしていました。

また、会話の中で知らない言葉が出てくると子どもから「どういう意味？」と聞かれますが、そこですぐに教えずに「どういう意味だと思う？」と聞き返すようにしてみてください。これは意地悪ではなく、**わからない語句が出てきてもフリーズせず「仮の意味」を設定して先へ先へと読み解いて理解する力が「読解力」だから**です。現在中学生になった娘は英語の原書を教材にする多読講座に通っていますが、そこでも同様に辞書を引きながら読むのではなく、未知の単語でも前後から意味を類推して読み進めます。辞書を引くのは読み終わった後で、自分が「こういう意味かな？」と思っていたことがあっていたかどうかを確認します。

未知の言葉に触れ、自分で意味を想像し、確かめて使えるようになる。そんな言葉との出会いを日常の中でふやしてあげるとよいと思います。

やってみよう！

子どもと話すときは大人に対するような言葉を使い、意味を考えさせてみましょう。

078

算数は基本問題を完璧にする

どのレベルまで仕上げるかを決めて着実に学力を伸ばす

□ 4～5年生時は問題レベルを3段階に分析

算数は中学受験において多くの受験生が苦労する科目といえます。娘の場合も、国語はほとんど勉強せずに高い偏差値を取り続けましたが、算数にはだいぶ時間をかけました。おまけにはじめて受けた塾の算数の授業が馴染みのないN進法だったのが災いし、長らく算数に苦手意識を強く持っていました。

塾のテストは国算が150点満点なのですが、まずは毎回100点を超えることを目標に設定し、宿題テキストを大きく3つに分けてどこまでやるかを決めました。Aはすぐに解ける問題、Bは解法を見れば理解できる問題、Cはいわゆる難問です。

定期テスト対策としては、A問題を3回解いて半分の時間でできるようにし、B問題を

2回解きます。C問題は思い切って手をつけませんが、これで7～8割は取れるようになります。これは授業を聞いて「わかった」という状態から「できる」状態へと変えるためです。**A問題を確実に半分の時間でできるとテストで余裕が生まれます。**

□ 6年時は志望校に応じた問題を攻略

ではC問題はずっとやらなかったのかというとそういうわけではなく、6年生になってから志望校に応じてどこまでやるかを決めました。たとえば立体図形が出る難関校であれば立体図形の問題はCまで仕上げる必要があります。受験したD校はややこしい数列の問題が頻出ですが、E校はそこまでの難問ではないものの、手応えのある問題をかなりのスピードで解く処理力が求められます。そのため模試の後の解説で、「この問題は、D校志望者は解けないとだめです。E校志望者は解かずにとばしてOKです」など学校によって解くべき問題の傾向が違うといわれますので、塾の先生に聞いてみるとよいでしょう。

やってみよう！

算数の宿題をABC分類して「わかった」を「できる」にしてみましょう。

079

ふだんから算数的に過ごす

図形と単位は実体験で覚えさせる

□単位換算は日常生活で体感させる

国語の読解問題で経験の少なさを読書で補うという話を述べましたが、算数でもまた子どもは経験の少なさにぶちあたります。たとえば単位です。**大人であれば当たり前に近い長さや重さの感覚が小学生にはまだない**のです。大人は小学生時代の自分を覚えていないので正直驚きますが、これがふつうですので安心してください。単位換算表などは教材の中にあると思いますが、これも日常生活の中で「この長さどれくらい?」と聞き続けてみてください。たとえば文房具、身長など身近なものから、車、部屋の広さ・高さ、駅まで・学校までの距離などです。時速も車に乗りながら体感したほうがよいでしょう。容量は、4~5年生のうちに一緒に料理をして計量させると覚えます。計量カップもmL（ミリリットル）だけでなく、dL（デシリットル）表記があるものがよいでしょう。dLは日常であまり使わないので、私もよく「あれ？」となっていました。大人である私たちが単位をふつうに使いこなせるのは、やはり経験あってのことなのだなと実感します。

□図形も経験や体験が必要

算数の中でも図形問題、とくに立体図形は苦手とする子どもが多いようです。これは「空間把握能力」の低さが原因ともされ、小さいころに積木遊びなどで育まれるべきといわれます。しかしいまさら、積木をさせるような時間はありません。豆腐や野菜を使って包丁でカットして断面や体積の理解などを教える方も多いとよく聞きますが、志望校の一つでは入試説明会で「ストローを使って立方体を作り、タコ糸などをかけて切り取るイメージを持ってください」といっていたので、夫が製作して、断面を見たりしていました。**できる方法で経験・体験の機会をふやしてみて**ください。

やってみよう！

単位換算はふだんの生活で実際にふれる機会をふやしてみましょう。

080

理科は苦手分野にフォーカスする

生物と化学は知識問題を確実に

□4分野の苦手科目を突き止める

「理科が苦手」と一括りにいいがちですが、実際には生物・化学・物理・地学の4分野もあり、全部苦手ということは少ないと思います。実際娘は、生物と化学は得意でしたが、物理と地学は苦戦していました。生物は獣医志望のため興味もあり、知識問題が多く暗記すれば得点しやすく、化学も水溶液などは暗記に近いので得点しやすかったようです。苦手な単元がわかれば集中して取り組むことで克服できます。

□生物や化学の暗記はヒグビー理論を複数使う

生物や化学は知識中心ですので、前述したヒグビー理論（↓P.173）を適用すると効率よく、かつ効果的に知識の習得が図れます。たとえば植物を覚える際には、①意味づけ、②組織化、③連想、④視覚化を使っていました。やり方としては葉書の大きさの紙に植物の名前だけでなく、特徴や絵をかかせ、壁一面に分類しながら貼りました。覚えるために、③の連想で「伊藤くん、常にゆりちゃんに夢中」（い＝イネ、とうくん＝とうもろこし、つ＝つゆくさ……）など語呂合わせにします。また、①の意味づけを意識することでより定着します。たとえば「なぜ単子葉類は維管束がバラバラで双子葉類は環状にまとまっているのか？」など理由も整理しながらまとめていくのです。また、②の組織化はとても大切です。これは世界をどう認識するかということだからです。

私は本を書いたりコンサルティングをしたりする中で物事や事象を整理することが多いのですが、**しっかりと体系的に分類することができると物事をスッキリと見ることができ、さまざまな問題解決に役立ちます。**大人になっても使えますのでしっかりと組織化できるようまとめ方を教えてあげてほしいと思います。

やってみよう！

理科の知識問題にヒグビー理論を使ってみましょう。

081

集中強化で一点突破できる

物理や地学は集中的に勉強して原則を理解する

□計算問題は原理を、グラフは書き込みを

物理や地学は計算する問題が頻出します。振り子や輪軸・滑車の運動、太陽の動き、月の満ち欠けなどなど、ややこしさ満載です。これらは原理を理解したうえで、問題文やグラフなどから数値を洗い出して計算して解答します。ここで原理原則を理解しておかないと「典型的な問題しか解けない」ということに陥りがちですから、まずは原理を理解するために簡単な問題をくり返します。

また、グラフを読み解く問題は多くの子どもが苦手とするところです。娘ははじめのうちはグラフを前にしてじっと見つめてまったく手を動かさず正解できませんでしたが、書き込みができるようになると点が取れるようになってきました。テストが返ってきたらま

ずは書き込みしているかチェックしてみてください。

□集中強化週間で苦手を得意に変える

週テストや模試を分析してとくに苦手だと判明した分野は長期休みに集中強化週間を作っていました。実は私も高校生時代、物理に苦手意識を持っていたのですが、あるとき「こんな苦手な教科に足を引っ張られるのは我慢できない」と思い、期間を決めて集中して勉強したところ、物理でトップを取れるようになったという経験があります。苦手な領域は大体多くの子どもで共通していますから、少し頑張るだけで正答率の低い難しい問題ができるようになります。

正答率の低い問題が解けたら、「あんなに苦手だったのにすごい！」と思い切りほめてあげてください。こうして「苦手だったけどできるようになった」という経験の積み重ねが自信につながり、苦手領域や難問に立ち向かう姿勢を生み出していくのだと思います。

やってみよう！

苦手分野に集中して取り組む強化週間を作りましょう。

082

イメージを深めて地理に強くなる

行ったことのない場所を身近に感じる工夫

□本やアプリで疑似体験

地理は鉄道好きや旅行の経験が多い子どもがやはり得意です。仕事をしているとさまざまな土地に連れて行くことは現実的には難しいので、**本やインターネットなどで写真を見たり、地図を眺めたりする**ことになります。といっても無機質な教材ではなかなか興味を示しません。そこでおすすめなのが『食の地図』（帝国書院）という本です。学習教材ではありませんが、「旅に出たくなる」と謳われているとおり、見ているだけで旅に行ったような気持ちになります。全国の地域ごとに詳細な地図と名産品、料理などキレイな写真とともに掲載されており、娘は食いしん坊なのでよく眺めていました。

また、グーグルアースもおすすめです。地球全体の３Ｄ地形画像が見られるアプリです。

世界遺産などはグーグルストリートビューと合わせれば実際に旅行に行って歩いているかのような気分になると思います。コロナ禍で旅行もままならないいま、アプリなどもぜひ副教材として取り入れてみてください。

□地理のくせもの・工業もヒグビー理論の合わせワザで

地理の中でも工業のジャンルに手を焼く子どもは多いようです。まだ産業のイメージが湧かないところに、おなじみの四大工業地帯、四大工業地域、その他工業地域が5つ、さらにその中にある工業都市と生産品の組み合わせだけでも60近くを覚えなくてはなりません。これも理科と同様にヒグビー理論の①意味づけ、②組織化、③連想、④視覚化の合わせワザで覚えましょう。また工業・農業はデータ問題も多いため、『表とグラフで見る日本のすがた――日本をもっと知るための社会科資料集（「日本国勢図会」ジュニア版）』（矢野恒太記念会）の最新版でテストを受けた後、関連箇所を確認するとよいでしょう。

やってみよう！

さまざまな地域を疑似体験できる工夫をしてみましょう。

083

歴史はストーリーで覚える

全体の流れを口に出して説明させる

□横軸で覚えた後に縦軸で流れを理解する

中学受験の地理は4年生、5年生と2周しながら進みますが、歴史はあまり時間が割かれず、1週間の1コマ（100分）の授業で1時代ずつの進度です。平安時代を100分習って完璧になるわけがありませんが、少なくともその週の週テストに向けてまずは、①組織化（重要なことを3つずつまとめる）、②連想（語呂合わせ）、③視覚化（資料集・イメージ検索）を使ってざっくりと定着を図ります。

3〜4つの時代をやった後におすすめなのが、テーマ別にまとめていくことです。政治、文化、宗教、農業、工業、貿易……などのテーマで流れを把握していきます。これはヒグビー理論の①意味づけをより強固にするためです。

1つの時代だけ見ていては「なぜそうなったのか?」「どう変化していったのか?」というストーリーが見えてきません。

歴史は暗記していればOKというわけではなく、流れと因果関係を理解していなければ解けない問題が多く出されます。選択問題だから簡単かというとそんなことはなく、流れをしっかりと理解していないと正解できません。

まとめ方は各テーマ別のノートやルーズリーフを用意して、3つくらいの時代が終わったら流れを意識しながらキーワードを記入していくとよいと思います。

まとめたら声に出して説明させてみてください。たとえば「それまで○○中心の政治が行われていたが、△△という弊害が出てきたため、□□制度を定めて……」というふうにキーワードをつなぎながら説明させます。**声に出して説明すると理解できていることとあやふやなところがわかる**のでおすすめです。

やってみよう!

歴史の縦の流れを整理するノートを準備してみましょう。

授業は横(時代ごと)に習う

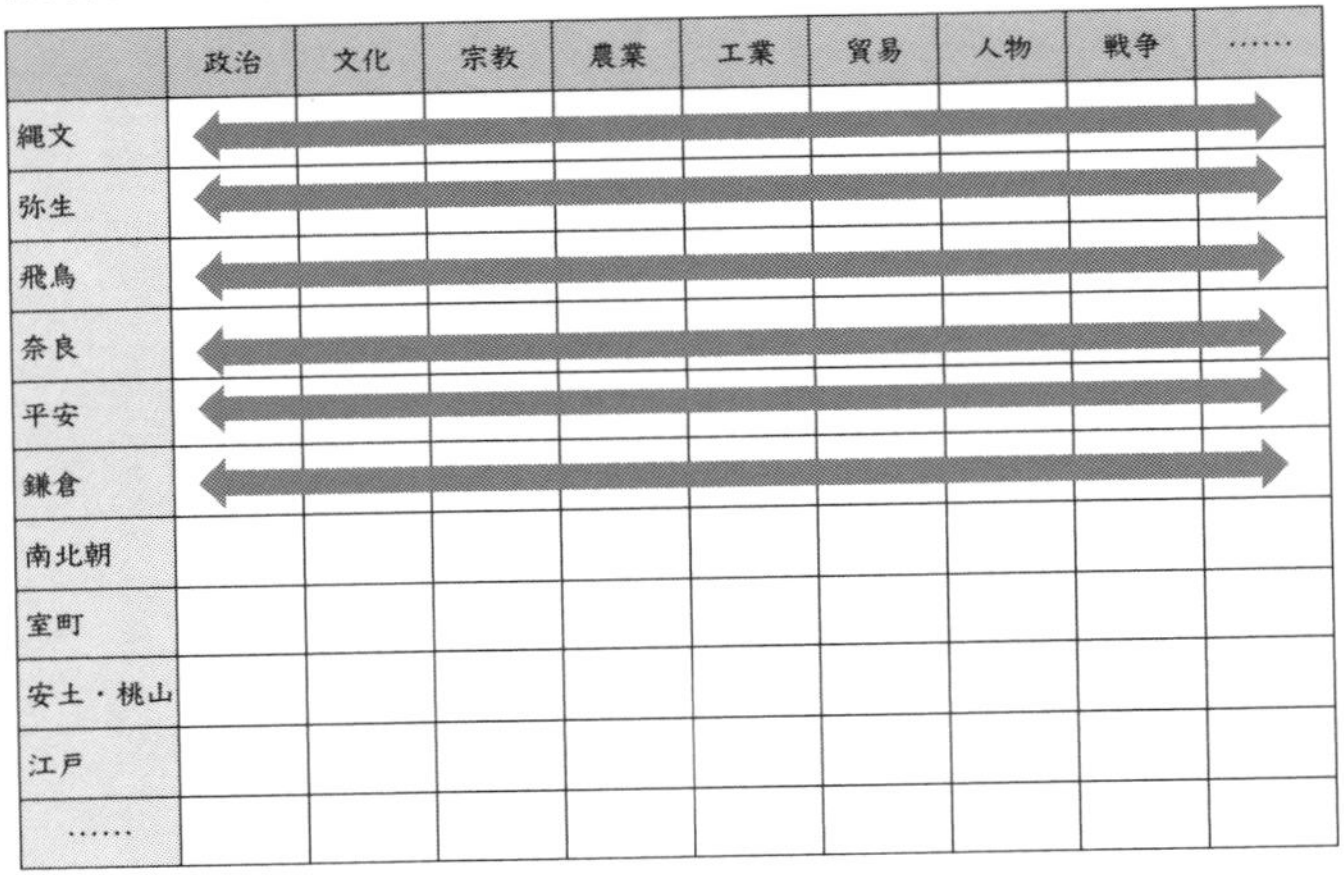

意味づけは縦の流れで強固にする

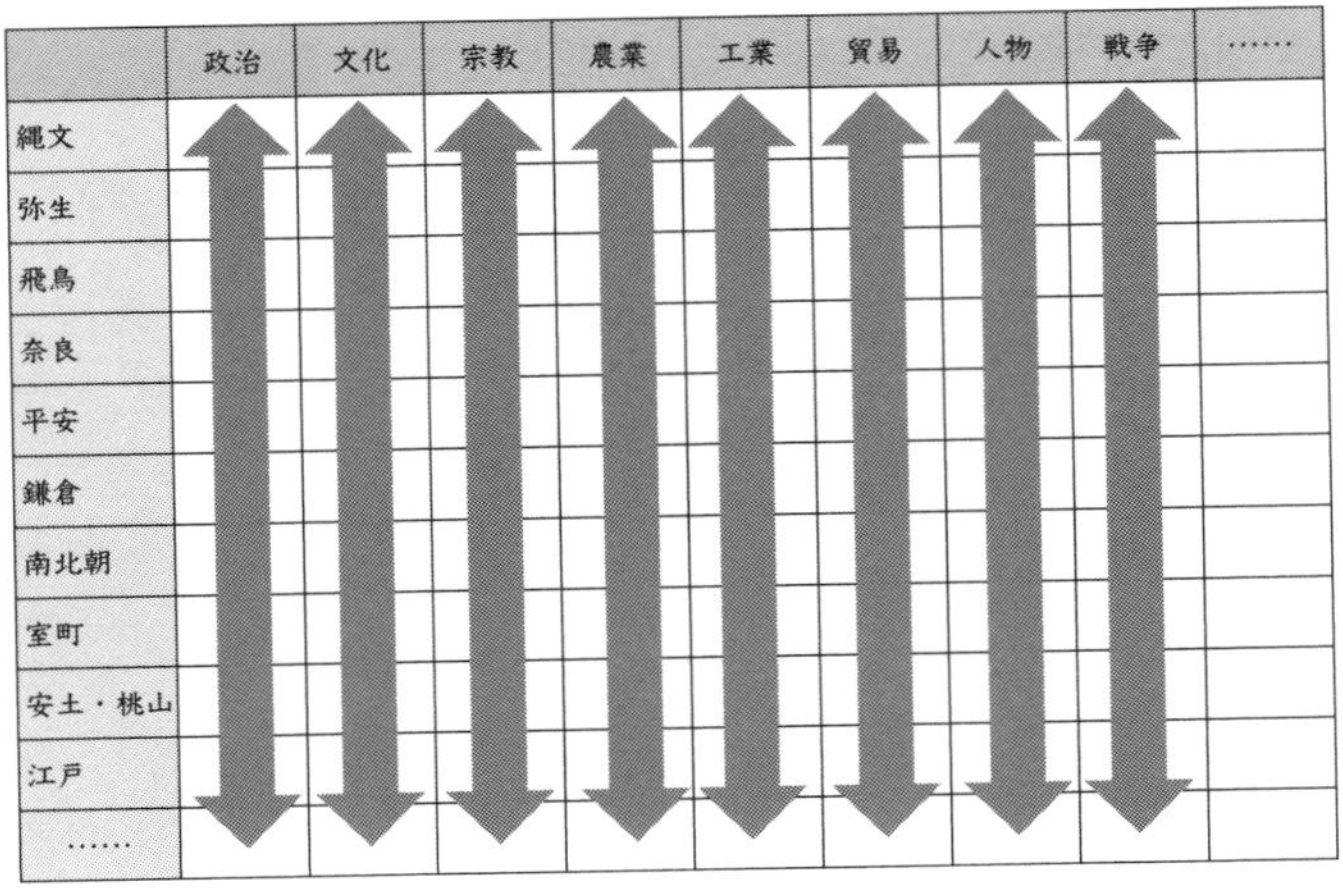

084

ニュースを自分事にする声がけを

当事者意識を持ってニュースを見る習慣づけ

□小学生向け新聞を購読して時流をつかむ

入試で時事問題を出題する学校は8割以上といわれています。時事問題そのものを問うものから、時事問題を引き合いに出しつつ周辺知識が問われる問題もあります。たとえばラグビーワールドカップが盛り上がった年だと、出場国が地図上のどこかを答えさせたり、南アフリカに関連してアパルトヘイト、イングランドに関連してイギリスのEU離脱について問われたりします。入試が近づいてくると大手塾監修でその年の時事ニュースの総まとめ冊子が配られますが、やはり**日常的に世の中のことを知っておく必要があります。**おすすめなのは小学生向け新聞です。朝日、読売、毎日の各社が出していますが、ざっと特徴をあげると読売は漫画やファッションなどが多く雑誌のようなイメージ、毎日は大人向けの新聞に近いイメージ、朝日は中学受験を意識した解説が多いイメージです。

わが家は朝日小学生新聞を購読していましたが、時事問題の解説は私でもなるほどと思うことが多かったです。大人向け新聞にはそういった背景は書かれていませんので、大人にもおすすめです。

テレビニュースは見せたいところですが、犯罪ニュースやエンターテイメント関連が多く肝心な時事問題関連ニュースは少ないので時間が少々もったいないところがあります。また、朝の時間帯などにテレビをつけると娘は見入ってしまい、動きがとまって遅刻しそうになることもあってはじめたのが、**スマートスピーカーでニュースを聴く**ことです。毎朝「アレクサ、今日のニュース！」と声をかけ、ＮＨＫニュースやＷｅｂニュースなどの読み上げを聴いていました。朝食や身支度をしながらでも聴け、家族でニュースについて会話することもできました。

やってみよう！

毎日時事問題に触れるために小学生向け新聞やニュースに接する習慣をはじめてみましょう。

第7章

直前期・当日の過ごし方

085

出願手続きは一覧表にして把握する

学校別・入試カレンダーでフローをチェック

□絶対ミスできない、出願から入学手続き

いよいよ入試本番が身近に迫ってくる6年生の11月以降は、過去問に取り組みつつも出願準備をはじめる時期です。

願書提出が間に合わなかった、入学金延納手続き期限を過ぎてしまった、入学手続きの期日を間違えていた……など、出願から入学手続きまでの一連の手続きでミスがあり、不幸なことになるご家庭が毎年あるそうです。

第一志望校に合格したのに入学手続き日を間違えて入学できなかったとなると、悔やんでも悔やみきれません。**仕事と調整しながら早め早めに計画を立てましょう。**

そこで、学校別の入試カレンダーを作成することをおすすめします。学校や入試に関す

る基本情報とスケジュールを一覧にまとめたものです（次ページ参照）。

基本情報は入試情報と出願情報です。入試情報は入試の日時と試験時間、最寄り駅と自宅からの所要時間を記入します。出願候補が決まったらどんどん記入していきます。出願情報はネットか窓口かなどの出願方法、調査書提出の有無、写真のサイズ、受験料と納入方法です。受験票などが届いたら、受験番号や当日連絡先、持ち物などを追記していきます。

スケジュールは①出願期限、②試験、③合格発表、④入学手続き、⑤延納手続き期限を日付だけでなく時刻も入れます。併願校は志望順位が高い学校の合格発表の結果を見てからネット出願することもよくあるので、日付だけでなく時刻も記入したほうがよいでしょう。

手続きは学校に出向く必要もあるため、時刻単位で把握できるようにしておきましょう。

やってみよう！

出願校が決まってきたら、入試カレンダーを作成しましょう。

	D 校	E 校	F 校	G 校
	2月2日(日)	2月1日(土)午前	2月1日(土)午前	2月1日(土)午後
入試情報	7:00 開門 8:10 集合 8:30~9:20 国語 (50分/100点) 9:40~10:30 算数 (50分/100点) 10:50~11:40 社会・理科 (計50分/計100点)	7:30 開門 8:15 集合 8:35~9:25 国語 (50分/100点) 9:45~10:35 算数 (50分/100点) 10:50~11:25 社会 (35分/70点) 11:40~12:15 理科 (35分/70点)	7:30 開門 8:15 集合 8:35~9:25 国語 (50分/100点) 9:45~10:35 算数 (50分/100点) 10:50~11:25 社会 (35分/70点) 11:40~12:15 理科 (35分/70点)	14:00 開門 15:30 集合 15:40~16:30 国語 (50分/100点) 16:40~17:30 算数 (50分/100点) 17:40~18:10 理科 (30分/50点) 18:20~18:50 社会 (30分/50点)
	○○駅 40分	○○駅 40分	○○駅 50分	○○駅 20分
出願情報	Web 1/10 0:00~	窓口 1/15~	Web 12/20 9:00~	Web 1/10 9:00~
	—	調査書	—	—
	電子データ	4×3cm2枚	電子データ	電子データ
	Webクレジット	出願前銀行振込	Webクレジット	Webクレジット
	xx-xxxx-xxxx	xx-xxxx-xxxx	xx-xxxx-xxxx	xx-xxxx-xxxx
	受験票・筆記用具 上履き・靴袋	受験票・筆記用具 上履き・面接用服装	受験票・筆記用具	受験票・筆記用具
			12/20 受験料納入開始	
スケジュール	1/7 8:00 基本情報入力			1/6 受験料納入開始
	1/10 0:00 Web出願		1/10 0:00 受験票印刷	1/10 9:00~入試前日 24:00 までWeb出願
		1/15~ 窓口出願	1/15~2/2(22:00まで)Web出願	
		入試日 5:30 起床 6:50 出発 8:15 集合 12:15 終了 その後面接	入試日 5:00 起床 6:20 出発 8:15 集合 12:15 終了 20:30 ネット掲示	入試日 14:30 出発 15:30 集合 18:50 終了
	第1回 入試日 5:30 起床 6:40 出発 8:10集合 11:40 終了 19:00 ネット掲示 20:00 入金	10:00 ネット掲示		13:30 校内掲示 15:00 ネット掲示
	第2回 入試日 5:30 起床 6:40 出発 9:00 入学手続き 19:00 ネット掲示 20:00 入金			2/8 まで合格証受取
	9:00~入学手続き 第3回 入試日 5:30 起床 6:40 出発 8:10集合 12:30 終了 19:00 ネット掲示			
	11:00 第3回入学金納付締切			
			11:00までに 入学金・施設拡充費納入	
				17:00 入学金締切
			10:00-11:00 第一回新入生説明会	
	2/15(土) 14:00 合格者ガイダンス			2/12 入学手続き書類必着 (窓口 9:00-17:00) 2/13 14:00 学納金締切 2/15 新入生説明会
その他			2/8~2/20 3/14(火) 第二回新入生説明会 4/7(火) 入学式	2月15日(土)

206

学校別・入試カレンダー ※日付は2020年のもの

		A 校	B 校	C 校	
入試情報	入試日時	1月10日(金) 7:00 開門　9:10 集合 9:20~10:10　国語 (50 分/ 100点) 10:30~11:20　算数 (50分/100点) 11:40~12:40　社会・理科 (計60分 /計100点)	1月14日(火) 7:30 開門　8:30 集合 8:50~9:40　国語 (50 分/ 100点) 10:10~11:00　算数 (50分/100点) 11:30~12:30　社会・理科 (計60分 /計100点)	1月21日(火) 7:00 開門　8:00 集合 8:40~9:25　国語 (45 分/ 100点) 9:45~10:30　算数 (45分/100点) 10:50~11:35　社会 (45 分 /100点) 11:55~12:40　理科 (45 分 /100点)	
	最寄駅 自宅からの時間	○○駅　1時間20分	○○駅　1時間20分	○○駅　1時間30分	
出願情報	ネット出願・郵送	Web 12/9～1/8	郵送 12/16～1/6	Web 12/3～1/10	
	通知表コピー・調査書など	—	—	—	
	写真	電子データ	4×3cm2枚	電子データ	
	受験料	Webクレジット	出願前銀行振込	Webクレジット	
	受験番号				
	当日連絡先	XX-XXXX-XXXX	XX-XXXX-XXXX	XX-XXXX-XXXX	
	当日持ち物・服装	受験票・筆記用具	受験票・筆記用具 上履き・靴袋	受験票・筆記用具	
スケジュール	12月中	12/10～ Web出願	12/16～ 郵送にて出願	12/3～ Web出願	
	1月1日(水)～9日(木)				
	1月10日(金)	入試日　5:30起床 6:30出発 9:10集合 12:40終了			
	1月11日(土)	10:00 合格発表ネット			
	1月12日(日)、1月13日(月・祝)				
	1月14日(火)		入試日　5:00起床 6:00出発 8:30集合 12:30終了		
	1月15日(水)				
	1月16日(木)		9:00合格発表校内掲示 10:00ネット掲示 入学書類受取& 延納手続き印鑑必要(1月20日まで)		
	1月17日(金)～1月19日(日)				
	1月20日(月)		延納手続き締切		
	1月21日(火)			入試日　5:00起床 5:50出発 8:00集合 12:40終了	
	1月22日(水)				
	1月23日(木)			10:00 合格発表ネット	
	1月24日(金)～1月31日(金)				
	2月1日(土)				
	2月2日(日)				
	2月3日(月)		入学の場合 延納金(入学金25万円)を 3日までに振り込む		
	2月4日(火)				
	2月5日(水)				
	2月6日(木)	入学手続き最終日 16:00までに入学手続き& 納入金振込	入学の場合 延納金(設備金25万円)を 6日までに振り込む		
	2月7日(金)				
	2月8日(土)				
	2月9日(日)				
	2月10日(月)				
	2月11日(火)				
	2月12日(水)～16日(日)				
	2月17日以降				
その他	辞退の場合の返金処理				
	入学説明会	2月22日(土)			

086

インターネット出願は余裕を持って

人気お試し校なら志願者数千人にも！

□インターネット出願のスムーズなやり方

入試の出願といえば、紙の願書に手書きで志望動機などを記入し、学校の窓口に並ぶか、郵送するというイメージが一般的です。実は、朝暗いうちから難関校前に出願する保護者の長い列ができるという受験風景は女子御三家などに限定され、ここ数年急増したのがインターネット出願です。この出願システムは同じ業者が開発したものを各校で使っていますので、ある学校で入力した情報がそのまま別の学校でも活用できます。また、それ以前の学校説明会や体験授業などの予約の際に登録した個人情報がそのまま利用でき、受験料はクレジットカードやコンビニ支払いもできるため、活用しない手はありません。受験票は学校から送られてくるのではなく、ダウンロードして自分でプリントアウトします。

用紙は通常のコピー用紙よりも厚めの0・15㎜以上のものが安心です。念のためインクの在庫は必ず確保しておきましょう。受験票は本人用、親、予備と3枚以上印刷しておくと安心です。

□できるだけ早い受験番号をゲットしておこう

いつでも出願しやすいのがインターネット出願のメリットですが、受験生が多い学校の場合にはできるだけ早い番号をとったほうがいいでしょう。

1月に入試のある埼玉の学校は、2月の東京に先んじて実施され、いわゆるお試し校や前受け校と呼ばれ、かなりの数の受験生が受験します。娘が受験した2校は志願者数6000人とすごい人数で、出願順で試験会場が決まり、退出も番号順のことが多く、この人数ともなると第3会場まであり、最初と最後の退出者グループの時間差は1時間以上にもなります。なるべく早めの出願がおすすめです。

やってみよう！

ネット出願でも早めの出願がお得！

087

併願校の選び方①

本命の前にお試し校を受ける3つの意味

□第一志望校に向けてのシミュレーション

東京・神奈川の受験生は、2月の第一志望校の受験前の模試感覚として埼玉や千葉の学校を受験する場合が多いようです。入学する意思がなく受験するこのような1月に受ける学校がいつしか「お試し校」や「前受け校」と呼ばれるようになったそうです。受験生にとってのメリットとしては3つあげられます。

①本命校受験さながらの緊張感を味わえる

子どもにとっては「数年間の努力の成果が測られる試験を受ける」というのは人生初の経験です。そのはじめての経験が第一志望校ではリスクが高いので、緊張感を事前に味わっておこうという考え方です。

あるお子さんは、お試し校の校門前で旗や横断幕を持った大勢の塾の先生方のふだんとは違う激励の列を見て一気に緊張が押し寄せ、頭が真っ白になってまさかの不合格。2月にはメンタルを立て直して臨んだといいます。

②直前期の実力を測れる

入試の得点や受験者中の順位を開示してくれる学校は、模試がない1月には仕上がり具合を測るうえでとても参考になりました。

③合格をもらって自信をつける／不合格の失敗を2月に生かせる

本物の合格通知は何よりも自信につながります。また2月に本命の最難関校を受ける前に埼玉・千葉の最難関校を受験する場合は、不合格のリスクもありますので、不合格だった場合の受け止め方を親子で話し合っておくとよいでしょう。塾の先生によると、直前期なのにまったく意識が高まらない男子の場合、あえて不合格になるような学校を受けさせてスイッチを入れることもあるそうです。1月に受験する意義を見極めて志願しましょう。

やってみよう！

本命校の受験前のお試し校の候補を考えてみましょう。

088

併願校の選び方②

受験パターンは「七五三」で考える

□併願校選びの3つのポイント

複雑化する受験機会から併願校をどう選ぶかは本当に悩むところです。同じ学校でも受験日によって難易度が大きく変わるなど、併願パターンの立て方で有利不利が大きく変わるという残酷な面もあります。わが家では以下の3点を念頭において併願校を考えました。

①子どもが受けたいと思う学校に絞る

最近では複数の受験日があったり、午後の受験だったりと受けられる機会はふえています。安心感のためにたくさん受けたくなる気持ちもわかりますが、やはりここは子どもの気持ちを尊重したいところです。親の意向で受験予定だった学校を校門前まで来て本人が「どうしても受けたくない」と取りやめたケースも耳にしました。娘の場合も塾ですすめられて出願はしたものの、受験しなかった学校もありました。

②無理のない日程にする

併願校の組み合わせを考える際に「七五三」となるような計画にするとよいといわれています。これは**「7校出願、5校受験、3校合格」**という意味です。5校というと多いと思われるかもしれませんが、1月と2月に分散させ、無理のない日程を組みましょう。また、受験には午前の部と午後の部がありますから、模試などで子どもが実力を発揮しやすい時間帯をつかんでおくといいでしょう。娘の場合、午前中のほうが調子がいいことがわかっていたため、午後の受験はしない方針にしました。

③最終的には自分で進学先を決める

複数校合格した場合、どこに進学するかは子ども自身に決めさせましょう。**複数の選択肢から子どもが自分で決めた学校であれば、入学後何かあった場合でも乗り越えてくれる**はずです。

やってみよう！

併願校選びは親子で納得いくまで話し合いましょう。

089

直前期にブレイクスルーするには

バラバラだったものが体系的につながる時期が来る

□積み上げてきた90が100を超える瞬間

藁にもすがりたい親心なのか「子どもは入試直前まで伸びる（とくに男子は）」という説は受験界においていつの時代も語り継がれています。私個人の考えとしては、受験勉強の範囲をカバーし終わるのが受験の半年前くらいであることが、直前まで伸びる要因だと思っています。かなり広い範囲ですから当然穴もあり、それを埋めていくことで伸びていくことは想像できます。また、入試問題で問われるレベルに解答できるように知識や解法を組み合わせることが身につくのが直前期ということもあるかと思います。

娘の場合を申し上げると、1月後半は驚きの伸びでした。とくに苦手だった分野が劇的にできるようになりました。分野としては算数の難問と理科の表やグラフの問題です。算数は6年生の夏休みで500問を2周するというチャレンジをした結果、9月の模試で過去最高の偏差値になりましたが、その後の過去問の算数は苦戦していました。それが1月に入って突然できるようになったのです。

また、理科の表やグラフの問題は見た瞬間からなんとなくあきらめているような様子があったのですが、確実に情報を整理したり面倒がらずに書き込んだりするようになったことで難問の正解が続き、最後には「私、これ得意みたい」といっていました。

これはいきなり頭がよくなったということではなく、**それまでバラバラで整理されないで活用しにくかった知識や解法が体系的につながり、使えるようになった瞬間が来た**のだと理解しました。それまで90くらいまで積み上げてきていたものがポンと100に届くようなイメージでしょうか。積み上げが60くらいだと100までは届かず、90くらいのときは、実際には低迷しているように思えてもあきらめず、最後は100を超えると信じてやり続けることが直前の伸びにつながるのではないでしょうか。

やってみよう!

それまで積み上げたものが多いと最後にブレイクスルーできると伝え、励ましましょう。

090

「欠席すると受からない」説に因果関係なし

「学校を休ませるか」論争には参加しない

□欠席と合格の因果関係は不明

毎年議論が白熱するのが受験前に学校を休ませるか問題です。学校を休ませたい派の理由としては①勉強させたい、②病気や感染症、ケガが心配というところで、学校を休ませない派の理由としては①学校は休むべきものではないという価値観と、②家にずっといても勉強しない、生活リズムが狂うというところでしょうか。わが家の場合、結果的に1月は週に3～4日くらい休みました。

実際にどれくらい休むのかを調べたアンケート結果（※）を紹介すると、休むという回答が7割、期間は2～3日、1週間が半数を超えていますが、数週間から入試が終わるまで長く休むご家庭も4割以上います。思ったより多い印象を受けます。

やってみよう！

学校を休むかどうか周囲に惑わされずに、子どもの意志を尊重して決めましょう。

学校を「休む」が約7割、「2〜3日から1週間休む」が約6割

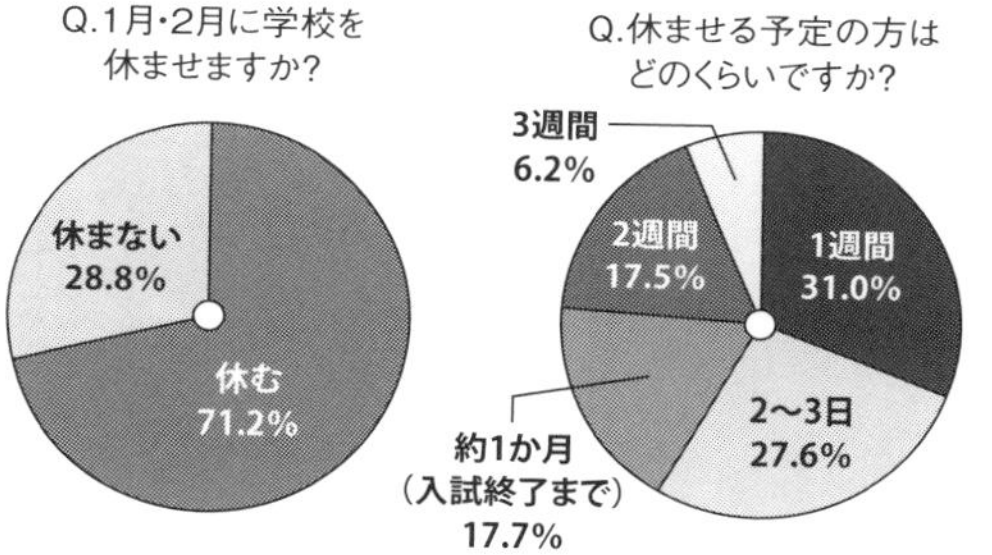

また、よく聞かれる「学校を休むと第一志望校に受からない」という呪いのような言葉ですが、**実際にその因果関係を明らかにしたデータはどこにもありませんでした。**これは長く学校を休んで落ちた子は「あんなに休んだのに受からなかった」ということで印象に残りやすいことと、確証バイアス（物事を検証する際に肯定する情報ばかりを集め、反証する情報を無視または集めようとしない傾向のこと）が働いて長く休んで合格した子どものデータが集められていない可能性があります。因果関係がわからない以上、あとは家庭の考え方の問題ですから、いたずらに議論に参加したり、不安になったりすることはないと思います。

※出典：エデュナビ 中学受験生の親へのアンケート 2018
https://www.inter-edu.com/edunavi/exam/181220-01/

091

当日の準備リストを家族で共有する

準備万端、備えあれば憂いなし！

□学校ごとに作ると安心

入試日が近づいてきたら、当日の準備リストを作成します。塾などで配付されるものをもとに学校ごとに作成するとよいでしょう。学校によって上履きが必要だったり、不要だったりしますので、**学校別に作ることをおすすめします。**
また、当日の移動スケジュールも、家を出る時刻から電車の乗り換え、乗り場を記載しておき、リストは各自が持つほか1枚は前日に見やすいところに貼っておくと安心です。

やってみよう！

入試日が近づいてきたら学校別準備リストを作りましょう。

A中学　1月10日（金）

受験番号: xxxxxx 学校電話:XXX - XXX-XXXX

当日スケジュール

■移動

6:30 自宅出発

6:56 xx駅発 JR△△線通勤快速
xx行3番線発7:18 xx駅着

7:27 xx駅発 JR△△線 xx行4番線発

7:49 xx駅着 出口2

■試験

7:00 開門

9:10 集合

9:20〜10:10　国語（50分/100点）

10:30〜11 :20　算数（50分/100点）

11:40〜12:40　社・理（計60分/計100点）

■持ち物			
□	1	受験票	
□	2	入試要項・行動予定表コピー	
□	3	鉛筆・シャープペン	
□	4	消しゴム２～３個	
□	5	腕時計	
□	6	上履き・靴袋	
□	7	テキスト・ノート・方略カード	
□	8	お守り・手拭い・合格体験記	
□	9	暖かい飲み物（チビボトル）	
□	10	冷たい飲み物（水筒）	
□	11	チョコレート・ラムネ	
□	12	ハンカチ・ミニタオル	
□	13	ティッシュ３つ	
□	14	カイロ	
□	15	マフラー	
□	16	手袋・耳あて	
□	17	財布	
□	18	携帯電話	
□	19	パスモ	
□	20	絆創膏	
□	21	マスク・クレベリン	
□	22	生理用品	
□	23	鼻炎の薬	
□	24	ニベア / ヘアゴム / くし	
□	25	靴下	
□	26	大きい袋（コート・靴入れ）	
□	27	折り畳み傘	
□	28	眼鏡	
□		＊雪の日	
□	29	スノーブーツ・長靴	
□	30	替えの靴	

■ママ持ち物		
□	1	受験票コピー
□	2	入試要項・行動予定表
□	3	学校までの地図
□	4	上履き・靴袋
□	5	印鑑
□	6	ハンカチ・ミニタオル
□	7	ティッシュ
□	8	カイロ
□	9	大判マフラーか膝掛け
□	10	手袋・耳あて
□	11	財布
□	12	スマホ
□	13	腕時計
□	14	絆創膏
□	15	ウェットティッシュ
□	16	生理用品
□	17	鼻炎薬・頭痛薬
□	18	裁縫道具・安全ピン
□	19	マスク
□	20	靴下
□	21	大きい袋
□	22	折り畳み傘
□	23	筆記用具
□	24	本・iPad
□		
□		
□		
□		
□		
□		
□		

092

何があってもあきらめない

体調不良、交通遅延、迷子の3大トラブルに備える

□トラブルは想定内と考える

入試本番の日には毎年何かしらのトラブルが起きます。これは大学受験のセンター模試を受けた人への調査データ（※JR東日本ウォータービジネスの調査より）なのですが、試験当日にトラブルがあった学生は全体の2割で、内訳は「おなかを壊した」「電車遅延」「道に迷った」がトップ3。気になる合否との関係ですが、トラブルがあった学生のうち第一志望校に46・7％が合格し、受験生全体の第一志望校に合格した52・8％と比較して6ポイントの開きという結果でした。大学受験生と中学受験生では成熟度が違うので、この差は開くことが予想されますが、**トラブル＝不合格だと思い込まず、いかに気分を立て直し、落ち着きを取り戻せるかが大切**なのだと思います。

※出典：https://resemom.jp/article/2020/01/14/54212.html

□臨機応変な対応力も試される

トラブルが起きないよう準備万端にするとともに大切なのが、起きてしまったときのシミュレーションをしておくことです。たとえば、絶対に忘れてはならない受験票ですが、塾の先生によると「たいていの学校では受験票を忘れても親が番号を控えていて本人確認ができれば受験できますから、あわてないで。小学生の数年間の受験勉強の重みをどの学校もきちんと考えてくれています」とのこと。トラブルを想定しておけば、受験番号を控えておく、学校の緊急連絡先をスマホに登録しておく、前日と当日の食事に注意する（生ものや脂っこいものを控えるなど）など、対応策があります。

また、物が落ちたり、滑ったり、黒猫が前を横切ったりと「不合格フラグ」が立った気がしたら、「おお、これはラッキー！」とはっきりと言葉にして不吉な意味づけを打ち消すなど、どんなときにもどっしり構えて、柔軟に対応しましょう。

やってみよう！

トラブルが起きたらどうするかをシミュレーションしておきましょう。

093

当日のメンタルケア

入試本番前後のルーティンを決めておく

□子どもを笑顔にする2人だけの約束事

試験会場へと向かうわが子にかける言葉として「絶対これ！」というものがあるわけではありません。「頑張れ！」「落ち着いて！」「しっかりやれよ！」などの定番フレーズが効く子もいれば、さらに緊張が煽られてしまう子もいます。

わが家の場合は、模試や入試本番で会場に向かう前に子どもと別れる場所でやることを決めていました。まず娘が片手の手のひらを前に差し出し、私が両手で包み込むように上下をはさみ、ぽんぽんと軽く叩きます。その後に合気道の小手返しのよう軽く外側にねじるのです。すると娘の体が傾き「あうっ！」という感じになり、笑いがこぼれます。笑うことでリラックスできます。私は文章を書く仕事をしていますが、入試会場に向かう娘にかける最適な言葉がどうしても見つかりませんでした。「頑張ってね」といおうとしても「もう十分に頑張っているし、違うな」と思ってしまうのです。**親ができることは安心させることと笑顔にすることくらい**だなと思い、生まれたのがちょっとヘンテコなルーティンでした。

入試を終えて出てきた子どもにかける言葉として、「どうだった？」と結果を尋ねるのはＮＧだと塾の保護者会で説明されました。これは本当にそのとおりで、子どもが「できたよ！」というときはほかの子もできている可能性が高いので油断できませんし、「全然できなかった」といわれれば不安になります。帰りの電車で近くにいた親子の会話が聞こえてきたのですが、子どもが「選択問題がわからなかったので空欄で出した」といったところ、親が「どうして空欄で出したの⁉　何でもいいから書いときなさいよ！」と怒り出し、子どもは泣き出してしまいました。

終了後にかける言葉は「お疲れ様！」一択でよいなと思った瞬間でした。

やってみよう！

入試の前後のルーティンやかける言葉を考えておき、模試のときから習慣化しましょう。

第8章

中学受験を終えて

094

中学受験のゴールとは

選んだ道を自分自身で正解にする力をつける

□第一志望不合格＝失敗？

中学受験は過当競争になっているといわれます。よく聞くデータとしては第一志望校に受からない子は7割。また首都圏模試センターの推計によれば、2020年に首都圏の6年生の中学受験者数は4万9400人になり、対して総定員数は4万7442人。総合格率は約96％でそれまで中学受験の総合格率は全入時代が続いていたのが、2020年にはじめて崩れたそうです。いわゆる「全落ち」も珍しくはなく、また入試の合格点のボーダーラインは団子状態で数多くがひしめき合っており、もう一回入試をしたら半分が入れ替わるともいわれています。この状況を見るにつけ、「何がなんでも○○校！」というゴール設定は本当に正しいのだろうかとつくづく思います。これは「無理そうだからチャレンジさせない」ということとも違います。**問題なのは「この学校に入れなかったらこの子の人生は失敗」という決めつけ方**ではないでしょうか。まだ12歳の時点で大好きな親から失敗と決めつけられることは、第一志望校に不合格になるよりも苦しいことです。

娘は自分の第一志望校だけ不合格という結果になりましたが、私はとても満足しています。というのも、私は娘が行きたい学校に行けるよう応援はしても、絶対にこの学校でなくては！というスタンスではなかったからです。実際、娘がある学校を受験しないといってきたとき、塾の先生や友だちからは驚かれましたが、私はあっさり了承しました。選択に正解はなく、選んだことを自分で正解にしていくのだと思います。中学受験において成功があるとしたら、一緒に頑張った数年間の受験期間とその結果、そして入学してみて「正解だったね」といえることなのではないでしょうか。

昨日まで正解だったものが、今日は不正解になることもある現代だからこそ、**選んだ道を自分で正解にする力をつけることが受験における成功だ**と思います。

やってみよう！

何を中学受験のゴールとするかを親子で考えてみましょう。

095

中学受験のビフォア&アフター

中学受験を「一見成功」に終わらせないために

□学びが正解探しになっていませんか?

中学受験における失敗とは何でしょうか。私は社会人、それもコンサルタントや管理職、経営者候補育成の仕事をしています。これまでに数千人の新人研修に携わり、仕事での成長を見守ってきました。有名大学出身の新人が数多く入ってくる職場でしたが、長年携わっていて気になったことは、年々正解を求める新人がふえてきたことです。お客様向けの提案書を作成する研修で発表しフィードバックを受けると「結局、何が正解なんですか?」と半ばキレ気味で求めて、役員クラスのコンサルタントに「正解はない。お客様の期待を超えるいい提案ができたときが正解だ」と一喝されます。現実の経済活動や仕事において不変の正解はありません。同じことをやり続けていればいい仕事なら、確かに正解があるかもしれません。ただし、そういった仕事はテクノロジーの進展が目覚ましい昨今、機械やIT、AIなどにどんどんと置き換えられていきます。**受験を通じて勉強が点数を取るための正解パターンを覚えることだと刷り込まれたとしたら、それは失敗といえるかもしれません。**

□親子関係が悪化していませんか？

もう一つ、失敗だと思われるのは親子関係が受験前より悪くなってしまった場合だと考えます。いくら第一志望校に合格したとしても子どもの心に深い傷を負わせてしまったり、入学後に子どもが燃え尽きて学校生活を楽しめなくなったりしたら、それはやはり成功とはいえないでしょう。これも「何がなんでも○○校！」と思っていると陥りやすいこととといえます。**短期的な「一見成功」ではなく、子どもの人生と家族のあり方を長期的に考えることが中学受験を失敗に終わらせないことにつながる**のではないでしょうか。

やってみよう！

子どもが大人になったときをイメージし、受験で経験させたいことを考えてみましょう。

096

中学受験を振り返って（娘より）

実際、子ども自身はどう受験期間を過ごしたのか

□「小6で挽回するぞ！」

皆さん、こんにちは。娘です。私が受験勉強をはじめたのは小3の秋。母によくわからないまま大手N塾に入れられ、はじめはまったく興味がありませんでしたが、とりあえず友だちができたので通っていました。国語は当時から勉強せずともできたのですが、算数がダメダメ。小4になり、入塾者がふえ気合が入り成績は伸びたものの、やはり理系科目は苦手でした。そして小5になると突然夏期講習の日数がふえ、私は行きたくない症候群になりました。塾は楽しくて授業では爆笑していましたが、さすがにほぼ毎日となるときついものです。そんなこんなで小5の後期はぐでんぐでんで終わりましたが、私は母とともに「小6で挽回するぞ！」と書かれたのぼりを掲げました。**とにかく大事なのは計画と**

実行。毎週日曜日に次の週の予定を立ててせっせと達成します。計画と実行の確認は母に手伝ってもらい、効率を上げました。母は何かを強制するでもなく「今日は何をするの？」と聞いてくるので私も自主的にやることが身につきました。母には塾の授業代やその他諸々の費用を出してもらい、情報収集や進行確認など色々なサポートをしてもらい、私は勉強を頑張る。ナイスな関係ですね（笑）。はじめたころは一番上のクラスの真ん中くらいでしたが、最後は前の席に座れるようになりました。結果として私の第一志望校には落ちましたが、わかったことがたくさんありました。いま私が通っている学校はとても私に合っていて、毎日がとても楽しいです。**自分が精一杯努力すれば、神様は自分に最も合った学校へ行かせてくれるのだ**と思います。受験生の皆さん、安心してください。志望校に落ちたとしても人生終わりではないですから。私の母が講演で唱えている人生百年時代、そのうちのまだたった10歳とちょっと。変な恐怖心を抱かずに頑張ってください。それから家族に感謝を。私もあらためて感謝しています。本当に本当にありがとう！

やってみよう！

わが子の受験終了後の姿をイメージしてみましょう。

097

中高一貫校入学で得られるもの

休校でわかった学校の本質

□コロナ禍でスタートした学校生活

楽しみにしていた娘の中学校生活のはじまりは、コロナ禍によって入学式もなくなり5月末まで休校となってしまいました。6月からの通学は、同じ小学校や塾のお友だちはだれもいないので、はじめはとても緊張していました。マスクをしているため、最初の1週間くらいは顔もよくわからず、お弁当も無言で前を向いて食べ、休み時間も静まり返っていたといいます。徐々に慣れてきて休日に遊びに行く仲よしができ、半年以上過ぎたいまでは定期テストも順調にこなして上位をキープし、毎日楽しく通っています。休校中の勉強も生活も、自分でＰＤＣＡを回しながらこなせるようになったと思います。

□コロナ禍のオンライン対応について思うこと

自粛期間中にはオンライン授業にいち早く取り組んだ学校とそうでない学校に分かれ、インターネットの学校掲示板でもさまざまな意見が飛び交っていました。それを見て思うのは、**オンライン化の早い遅いではなく、どんなカリキュラムで課題が出されているのかが重要だということ**です。他校に進学したママ友・パパ友に自粛期間中の学校の対応を聞いてみると、いち早くオンライン対応はしていても、子どもが授業に集中できていない学校がある一方、オンライン対応は遅くても子どもの探究心をくすぐる課題を丁寧に出す学校などさまざまでした。後者のような子どもに自律的学習を促す学校に入ったにもかかわらず、「対応が遅い！」と不満を持っている親もいます。あらためて自律型か管理型かどちらの学校がわが子に向いているのか、また「アクティブラーニング」「オンライン化」などのキーワードに惑わされずに実態をよく調べて志望校を考えるべきだなと実感しました。

やってみよう！

実際の入学後の様子を先輩ママ友・パパ友にヒアリングしてみましょう。

098

PDCAの使いこなし方

PDCAを勉強以外でも習慣化して一生モノにするには

□趣味や習い事、ストレス解消にも使える

本書で紹介してきたＰＤＣＡは、勉強や仕事に限って使うものではありません。**趣味や習い事でも漫然とやるよりは、「こうしたらこうなるかな？」と仮説を立てて取り組んだほうが、上達がより早くなります。**

私は現在、カメラ、料理、ボイストレーニングなどを習っていますが、たとえばボイストレーニングではレッスンの前に課題曲を聴き込み、「どうしたら声が出せるのか」「どうやればよりラクに発声できるのか」と仮説を立てておき、レッスンで先生にそれを伝えたうえでフィードバックを受けながら練習しています。受験後、娘もレッスンをはじめ、同じように自然と仮説を立てていました。先生によれば、それをやるのとやらないのではまったく吸収が違うとのことでした。娘はメンタルケアにも

この意識づけを活用しているようで、自分なりの仮説を立ててストレスを解消しています。

□将来に向けたよい偶然を計画的に起こしてみる

子どものキャリアプランを考える場合、将来の希望から逆算していまやるべきことを決めるとイメージされるかもしれませんが、実は変化の激しい時代ではあまり向いていません。スタンフォード大学のジョン・D・クランボルツ教授は「個人のキャリアの8割は予想しない偶発的なことによって決定される」という理論を提唱しています。

これは、「偶然に左右されるなら計画なんて必要ない」ということではなく、**偶然が起きやすいような計画を立てて行動しようというもの**で「計画的偶発性理論」と名付けられています。娘は「受験が終わったらやることリスト」を作っていましたが、それに私が「こういうのも入れてみたら?」と足していきました。受験が終わったら子どもの目がキラキラする素敵な偶然が起こるようなことを計画してほしいと思います。

やってみよう!

「受験が終わったらやることリスト」を作ってみましょう。

099

ＰＤＣＡで人生もうまくいく！

主体的に人生を切り開く力がつく

□よいＰＤＣＡ、悪いＰＤＣＡとは

子育ては壮大な仮説検証。親が子どものためと思ってすることが本当によかったかどうかは、子どもの人生が終わるまで検証はできません。そのとき、おそらく親である自分は この世にはいないでしょう。ここで、あえて子育てにおける正しいＰＤＣＡの回し方を問われれば、親子が目を輝かせて取り組んでいるかどうかと答えます。これはキレイ事でなく、ＰＤＣＡを回す原動力は主体性にほかならず、回すことそれ自体を楽しいと思えない限り、ＰＤＣＡを回していることにはならないからです。

子育てのＰＤＣＡが不幸な回し方になるのは、親が自分ではなく、他人の立てた仮説を実行しようとするときです。さまざまな育児論や他人の育児体験、受験体験は、そのケー

スでのみうまくいった事象でしかなく、それをわが子に当てはめようとしてもかなりの確率で苦しいものになるでしょう。本書も、そんな事象の一つでしかありません。まずはほかのだれでもなく、そこにいるわが子をよく見て、しっかり向き合い、各ご家庭なりのPDCAを確立し、回していくことが大切です。

わが家の場合、中学受験は親子で真剣に向き合い、ぶつかり合い、一緒に頑張り、笑って泣いて、感動しての連続でした。受験がなかったら親子でここまで濃密な時間を過ごすことはなく、いまのところよい検証結果と捉えています。娘の頑張りと成長はわが子ながら誇りに思いますし、親として成長するまたとない機会を与えられたと感じています。

しかし、**人生百年を1日24時間に換算してみると、12歳は午前3時前、まだ日の出前**です。こう考えると、「たかが中学受験」とも思えてくるのです。

受験期間中は視野が狭くなり、ジェットコースターのように気持ちが上下しがちですが、親としては近視眼的にならず、大きく構えていきたいところです。

やってみよう！

子育て自体が壮大なPDCA。その家庭なりの子育ての仮説を立ててみましょう。

100 そして、人生は続く

この体験を次のステージに生かす

□成果が出ないことにしがみつかない生き方

一つの領域でＰＤＣＡを回し続けた後は、次のステージを考える段階になります。次のステージの決め方は「チャレンジ」と「ピボット」という2種類があります。

チャレンジは「お！　この領域は自分に合ってる！」と本人が実感した場合に、さらに高い目標を決めて頑張ることです。ピボットはあまり成果が出ない、もしくは本人がやっていてとても苦しいという場合に、思い切って方向転換することです。

「ピボット（pivot）」とは、本来「回転軸」を意味しており、バスケットボールやスキーなどで使われる「ピボットターン（片足を軸として回転すること）」という言葉として聞き覚えがある方もいるでしょう。転じて、近年は新しい領域で起業するスタートアップ企業の「方向転換」や「路線変更」を表す用語としてよく使われます。これは撤退ではなく、**PDCAの検証結果をしっかりと分析して勝負する市場や商品の方向性を大きく変える**というものです。実際、スタートアップ企業はピボットで成功した企業が大半で、一つの方針に固執していては生き残れません。不確実性の高い現代、育児の方針も子どもの進路も、今後の行動を決める指針として、チャレンジとピボットを意識するといいでしょう。

これからの娘の人生にとって何がいいのか想像するのも難しいことですが、それでも一生懸命、わが家なりに親子で考え続け、あるときはさらなるチャレンジを、ときには柔軟なピボットを考えていきたいと思います。

本書の執筆は、娘との3年の長きにわたる受験期間を振り返る幸せな機会となりました。いまや**生産年齢における女性の労働力率は約7割、仕事をしながら子育てを充実させることは自然な流れ**となってきています。どうか読者のみなさまの受験体験が笑顔と感謝にあふれるすばらしいものになりますよう、心よりお祈りしています!

やってみよう!

どんなときも「チャレンジ」と「ピボット」で

スタートアップ
準備
実践!PDCA
親子関係
情報活用術
科目別勉強法
直前期・当日の過ごし方
アフター"中受"

□著者

清水久三子（しみず・くみこ）

お茶の水女子大学卒業。大手アパレル企業を経て1998年、IBM（現プライスウォーターハウスコンサルタント）入社。新規事業戦略立案、人材開発戦略・実行支援などのプロジェクトをリードし、企業変革戦略コンサルティングチームのリーダー、IBM研修部門リーダーなどを経て、2013年独立。株式会社AND CREATE代表取締役社長として企業研修や経営・人材育成コンサルティング事業に携わる。年間研修100日、講演20日をこなすかたわら執筆活動を行う多忙な日々。『プロの資料作成力』『一流の学び方』（以上東洋経済新報社）、『1時間の仕事を15分で終わらせる』（かんき出版）など著書多数。夫と娘の3人家族。

□ STAFF

装丁	小口翔平＋奈良岡菜摘（tobufune）
装画	ナカニシヒカル
本文デザイン	平田治久（NOVO）
本文イラスト	湯沢知子
編集	三宅礼子
校正	株式会社円水社

働くママの成功する中学受験

発行日　2021年2月25日　初版第1刷発行
　　　　2023年1月20日　　　第2刷発行

著　者　清水久三子
発行者　竹間 勉
発　行　株式会社世界文化ブックス
発行・発売　株式会社世界文化社
〒102-8195　東京都千代田区九段北4-2-29
TEL　03-3262-5118（編集部）
TEL　03-3262-5115（販売部）
印刷・製本　中央精版印刷株式会社

ISBN978-4-418-21400-6